中工書坊

新教伦理与资本主义精神

The Protestant Ethic And
The Spirit of Capitalism

[德] 马克斯 · 韦伯/著
李春香/编译　徐爽/审定

全新插图
普及本

中国工人出版社

图书在版编目（CIP）数据

新教伦理与资本主义精神 /（德）韦伯著；李春香编译. —北京：中国工人出版社，2016.9

ISBN 978-7-5008-6537-7

Ⅰ.①新… Ⅱ.①韦… ②李… Ⅲ.①新教—研究—西方国家 Ⅳ.①B976.3

中国版本图书馆CIP数据核字（2016）第213390号

新教伦理与资本主义精神

责任编辑 宋 杨
责任校对 董春娜
责任印制 黄 丽
出版发行 中国工人出版社
地　　址 北京市东城区鼓楼外大街45号 邮编：100120
网　　址 http://www.wp-china.com
电　　话 （010）62350006（总编室） （010）62005039（出版物流部）
（010）62379038（社科文艺分社）
发行热线 （010）62005049 （010）62005042（传真）
经　　销 各地书店
印　　刷 北京市密东印刷有限公司
开　　本 710毫米×1000毫米 1/16
印　　张 11.25
字　　数 150千字
版　　次 2016年10月第1版 2021年9月第4次印刷
定　　价 28.00元

推荐序

马克斯·韦伯（Max Weber,1864—1920），德国著名的社会学家、政治经济学家、哲学家、具有世界影响力的思想家，与卡尔·马克思和埃米尔·涂尔干并称为现代社会学的三大奠基人。

韦伯早年求学于海德堡大学、柏林大学，后在柏林大学、弗莱堡大学、海德堡大学任教。他崇尚客观与理性，重视荣誉与尊严，工作勤勉狂热，富有政治关怀，并严格区分政治评论者与学者两种角色的界限，对道德情操的自律极为苛刻。正如一位维也纳记者形容的，“他的谈吐与外表相称，无比地棱角分明”。韦伯治学兴趣广泛，涉及史学、政治、经济、宗教等领域，研究成果蔚为大观，被称为最后一代“百科全书式”的学者。

宗教社会学是韦伯研究的重点，他主要着眼于几大宗教的经济伦理，即基督新教、儒教、印度教和犹太教等宗教伦理对人外在行为的影响。在一系列卷帙浩繁的宗教研究成果中，《新教伦理与资本主义精神》（以下简称《新教伦理》）堪称经典之作。这部著作最初以论文形式发表于 1904 年、1905 年的《社会科学与社会政治文献》上。1919 年合订编入《宗教社会学论文集》第一卷。

20世纪初，资本主义扩张取得了显著成就，经济学、政治学、历史学等诸多学科的学者莫不热衷于溯源其精神动力，而这一问题被韦伯称为“世界文化史的核心问题”。《新教伦理》正是对这一历史背景和学术潮流作出的回应。此著影响深远，被誉为“20世纪最富有生命力的著作之一”。

在书中，韦伯首先着眼于现实状况，从社会分层上揭示出大部分商界领袖、资本家和现代企业高级技工等职员在宗教信仰上多属新教教徒的现象，并认为这与新教信仰中的内在特质有着密切的联系。韦伯以富兰克林的行为谏言对“资本主义精神”的内涵做了说明，指出商界人士的身上体现了这种将劳动本身而非物欲享受作为目的，并在经济行为中排除享乐主义的精神气质。接着韦伯将研究的视角转移到宗教伦理观方面，对路德宗、加尔文宗、虔信派、循道宗和浸礼宗诸派的天职观和宗教禁欲主义伦理观进行了细致的梳理。路德在《圣经》的德语翻译中使用了“天职”（德文 beruf，英文 calling）一词，它更富有世俗日常劳动的意涵。在路德宗那里，世俗劳动取代出世隐修的生活获得了宗教意义上更高的道德认可。正是在此基础上，加尔文宗等新教派继续前行，以“预定论”和“救赎确认”为纽带实现了对世俗行为更加系统的禁欲主义规制。但是，路德在天职观上愈加保守，信徒必须安分在上帝安排的身份和天职上并限制世俗的活动。因此，在禁欲主义新教伦理的梳理部分，韦伯着重于加尔文宗、虔信派、循道宗和浸礼运动诸派的分析。

救赎与否关乎得救抑或堕入地狱的结局，因此救赎确认对于诸派信徒而言意义非常。在新教诸派那里，信徒救赎的确认不是通过烦琐的圣礼或者消极的忏悔获得的，而是需要在所从事的现世天职中贯行禁欲主义的美德。劳动本身而非物欲享受被当作人生的目的，这正是信徒获得救赎的心理确信之来源。由此，新教教徒也就实现了对其全部生活和行为的理性的约束。这一点在加尔文宗那里体现得尤为明显。选民不能幻想着用此时的兢兢业业弥补之前的懈怠，必须时刻恪守天职，不容懈怠。

获取财富是勤恳劳动的体现。对于新教徒而言，危险在于获取财富之后的懈怠、享受，而不是财富本身。因为获取财富是增添上帝荣耀的行为，而物欲享受则为了可鄙的个人目的。因此，营业利润不是被用来挥霍，而应当用于投资获取更多财富。新教伦理观一方面培育了新教徒严谨、刻板、勤恳的性格和资本主义精神，另一方面也促进了资本积累。当然，韦伯在书中指出：财富的积聚之于新教改革而言，可谓无心插柳之荫。加尔文宗等新教教派的开创是出于对世俗社会进行禁欲主义的宗教规制，而非为了给资本主义经济松绑。后一点是路德、加尔文等新教先驱原初思虑之外的，由新教伦理观导致的客观结果。财富激增和理性经济组织的空前繁荣最终掩盖了纯粹宗教意义的初衷。

资本主义的迅猛扩张铸就了坚固的铁笼，物质财富和资本主义经济秩序决定了置身其中的人们的生活方式。财富的积聚、膨胀，助长了人们在享乐倾向上的堕落，反过来侵蚀着作为财富积累原因的禁欲主义道德。至此，资本主义不再需要新教伦理观的推动，因为它已拥有了独立的权柄和统治世界的力量。

《新教伦理》着力于人的精神深层探求推动时代大潮的力量源泉，为西方现代资本主义兴盛的原因作出了在宗教伦理角度上的解释。除了其卓越的学术价值之外，《新教伦理》一书也在国家经济发展与人生哲学两个层面上引发我们极有意义的思考。

在经济全球化浪潮激荡，国际竞争日益激烈和国内经济体制改革深化，经济发展需求日增的时代大背景下，除了着眼于顶层设计和宏观制度架构之外，还需注意每一个劳动者应具备的一种精神品质，即“工匠精神”。

工匠精神要求严谨、踏实的劳动态度，精雕细琢以打造本行业最为优质的产品。在对劳动严谨性的要求上，工匠精神与新教伦理不乏共通之处。两者同样具有规制人的行为，培育严谨、兢业的劳动态度的功用。但因新教伦理涉及人生目的的终极追问，更加贴合劳动本身的工匠精神则似是在前者基础上的日常体验。如何在社会中贯行工匠精神的问题，实际上包含在了《新教伦理》引发的我们人生目的的追问里。无论新教伦理，抑或是工匠精神，两者均着眼于精神对于个人外在行为的作用，它们谋求的正是积跬步以至千里的事业。

信奉某种兢业勤恳工作的伦理观的个人虽力量薄弱，作用微小，但伴随其事业上的普遍成功，集腋成裘亦足以引发一股蔚为大观的社会风尚。但扪心自问，我们勤勉工作与劳动的目的何在？恐怕能得到的多数回答都指向一个现实而功利的结果。在这里我们并非谴责这种念头的浅薄与庸俗。单就客观功效而言，在我们的社会中，确实缺乏奉行一种类似加尔文宗信徒那样将工作本身视为人生目的，无我地献身于增添伟大使命的“非理性”工作狂热的伦理观。

在缺乏虔诚信仰熏陶、饱受实用理性侵染的人身上，如何实现对生活和行为的理性和系统化的规制，如何保证在工作与劳动中持久地投入激情，如何在贪逸、懈怠和物欲的诱惑面前保持克制与自律？这关乎个人事业的成功与目标的达成，关乎勤励、严谨和淳朴民风的养成，关乎国家民族自强振兴的动力源泉！这，当是我们每个人都应当思考和回答的问题。

徐　爽

2016年9月

编译者序

1904年，一个德国教授横渡大西洋，去美国圣路易斯参加社会科学大会，同时短暂游历美国。新大陆给他的印象极为深刻，对新大陆的都市和工商业的观察，则奠定了他研究新教与资本主义关系的基础。是年，《新教伦理和资本主义精神》一书的第一部分即以论文方式发表。1905年，俄国的革命又使他对沙俄帝国面临的问题发生兴趣。为研究俄国革命，他自学俄文，并于次年发表了《新教伦理与资本主义精神》的第二部分。这个德国教授，就是美国社会学家根瑟·罗斯所说的"唯一能与卡尔·马克思相提并论的思想家"——马克斯·韦伯。而《新教伦理与资本主义精神》这部学术专著，不仅是韦伯最知名的著作，其实也是韦伯后来的著作的介绍，包括《中国的宗教：儒教与道教》《印度的宗教：印度教与佛教的社会学》《古犹太教》等，细心的读者会在正文中发现这一点。

关于韦伯，学术界向来不乏美誉与推崇，在很多领域，韦伯也确实是开山鼻祖。不过这些华丽的称颂丝毫无助于读者理解您手中这本书。基于我对本书的研究以及对韦伯生平的了解，我愿意从韦伯的出生讲起。确切地说，是从他出生前讲起。

韦伯的父亲出身于德国威斯特代利亚州一个纺织业实业家兼批发商家庭，是位法学家。前者使韦伯拥有商业基因，这同样能从《新教伦理与资本主义精神》中看出端倪，与纺织业有关的案例多次出现在书中，相信绝非巧合。后者则影响了韦伯的思考方式与著述风格，用美国社会学家科瑟的话说就是，“他具有第一流的法律头脑，对法律的历史和原理了如指掌”。

科瑟还说，“他不是哲学家，但在大学读书时就熟悉大多数古典哲学体系。他不是神学家，但他的著作表明他广泛阅读过神学书籍……”其实，韦伯绝不仅仅是广泛阅读过神学书籍而已。在那个宗教氛围浓厚的时代，韦伯就像同期的很多欧美学者一样，从小就浸淫在宗教中。韦伯的母亲对儿子影响甚深，她有文化，有修养，热衷于宗教与社会问题，而且仅比韦伯早去世一年，对儿子的影响可谓终生。

与此同时，少年以及青年时代的韦伯还有幸在父母的客厅里结识了很多当时的杰出人士，从知识界到政界，如狄尔泰、莫姆森、聚贝尔、特赖奇克和卡普等。在大学时，韦伯同时攻读历史、经济、哲学与神学。对神学的深入学习，通常会导致两种结果：一种是人会完全沉迷，同时也尝试让更多的人去沉迷、去迷信；另一种是人会跳出宗教，从而更客观、更理性地去看待宗教，研究宗教的实质，更好地服务于人类生活。韦伯显然是后一种人。

在《新教伦理与资本主义精神》一书中，韦伯致力于探讨这样一个问题：近代资本主义为什么仅仅出现在西方，而同时期的东方却呈现出停滞之势？韦伯将之归因于新教，具体地说是新教徒的生活伦理思想影响了资本主义精神的发展，从而影响了资本主义实质的发展。

韦伯所说的新教，主要指以加尔文宗为主的各种基督教流派与分支，与被视为“旧教”的天主教相对。就各自教义而言，新教重今生，旧教倡来世。旧教视财富特别是对财富的追逐为洪水猛兽，新教则认为人应该理直气壮地去发家致富。旧教强调信仰，新教认为仅有信仰远远不够，还要有善功，这里的善功也不是中世纪天主教的善功，不是购买恕罪券，或者是参加十字军东征、捐献财产给教会，而是勤勤恳恳地劳动、发家致富，增加上帝在人间的荣耀。新教认为，上帝派人到这个世界上来，是让人创造财富，把世界建设成人间天国。你工作越努力，把世界建设得越好，说明你越是忠实地履行了上帝安排给你的职责，从而越有资格认为自己是上帝的选民，必将得到拯救。那些游手好闲、坐吃山空的人，只能被上帝抛弃。这种观点恰如恩格斯所评价过的，它在无形中客观鼓励了资产阶级的竞争。

有节制的生活，是新教与旧教教义中为数不多的相同点之一。因此，在新教伦理中，一个人即便能创造巨额财富，但他挥霍浪费，也会被上帝抛弃。这或许正是我们看到很多西方成功人士生活俭朴但热衷于慈善的深层次原因。说冷酷点，在这里，慈善不过是荣耀上帝的方式之一。但恰如韦伯所说，类似的观念为资本主义的经济发展提供了合理性的根据，影响了很多人与很多国家，最成功的案例就是美国。此外，如英国、法国、德国等，皆为新教占主流的国家，而传统天主教国家，如西班牙、意大利等，无论经济实力与影响力，都只能算二流国家。

韦伯让我们认识到一些早该抛弃的成见。比如，他指出，如果只考虑个人对私利的追求，那么无论是东方还是西方，无论是古代还是现在，牟利乃至贪婪都是普遍的，不是资本主义特有的。韦伯也不回避资本主义在发展过程中对世界赤裸裸的伤害。他对“国家”的定义——一个拥有合法使用暴力的垄断地位的实体——对西方现代政治学的发展影响也非常大。尽管由于时代所限，韦伯也存在着这样那样的问题，但韦伯依然是不容错失的韦伯，而《新教伦理与资本主义精神》正是研读韦伯的最重要一课。

李春香

2016年9月

目　录

导 论

The Protestant Ethic and the Spirit of Capitalism

本部分的主要问题是西方为什么会成为近代资本主义的唯一发源地，相较于东方，西方文化又是怎样赋予了资本主义独特性，并使之富有现代色彩？

几乎所有在近代欧洲文明浸润中成长起来的人，在研究任何有关普遍历史[①]的问题时，都会不自觉地追问：是哪些因素共同作用，产生了那些在西方且仅仅是在西方文明中才显现出来的，并在整个人类历史发展进程中（至少我们经常这样认为）具有普遍意义和有效性的文化现象呢?

唯有在西方，在今天的西方，科学孤独地发展到了举世公认的"有效的"阶段。而在西方以外的其他地区，特别是印度、中国、巴比伦和埃及这四大文明古国之地，尽管这些文明一直存在着丰富的经验知识、对宇宙及生命问题的沉思与反思、深奥洞达的哲学与高深莫测的神学——不过，成系统的神学的充分发展一如科学在欧洲的发展，仅仅出现在受希腊文化[②]影响的基督教中，伊斯兰教与某些印度教派却仅有不成系统的神学，毋宁说它们还停留在神学起源阶段——以及具有高度精确性的知识与天文学等领域的规律观测。换言之，具有高度精确性的知识与观测在其他地方也存在着，

▶ 双耳陶樽

出土于塞浦路斯，藏于大英博物馆，樽腹绘有排列的双轮马拉战车，表明爱琴海周围地区在古希腊文明出现之前已经拥有发达的生产力，陶樽制造于公元前 1350—前 1325 年。

① "普遍历史"一词最初出自德国诗人、哲学家、路德派神学家约翰·戈特弗里德·赫尔德（1744—1803），它在 19 世纪的含义是指德国的一种历史编纂学。这种编纂学避免专门的研究，相反，它努力提供一种关于某个历史时期或者某一文化区域的总体描述。这个词往往被人们混淆为"世界历史"，从而使读者陷入歧义。

② 希腊文化是指以古希腊为主的地域文化族群。古希腊历史持续了约650年，从公元前800—前 146 年。古希腊经济生活高度繁荣，产生了光辉灿烂的希腊文化，古希腊人在哲学、历史、建筑、文学、戏剧、雕塑等诸多方面都有很深的造诣。古希腊灭亡后，其文明遗产被古罗马人破坏性地延续下去，成为整个西方文明的精神源泉。

印度、中国、巴比伦和埃及在很长的历史时期内曾走在人类文明的前列，但是，在巴比伦、埃及与其他地方，天文学的产生与发展都缺乏那种古希腊式的数学基础，尽管这从反方向促使我们高度认同并由衷地为相应地区尤其是古巴比伦人的天文学成就拍手称赞。印度的几何学亦缺乏根植于理性的以推理为内核的“证明”等这类概念，类似的概念又恰恰是希腊精神和希腊才智的独有产物与具体彰显。希腊人还缔造了力学与物理学。此外，虽说印度的自然科学在观察领域得到了良好的发展，某些方面还称得上独树一帜，但它少了理性的实验，更谈不上实验室，而后者恰恰基本上是文艺复兴[①]的产物，尽管在古代世界已有它的若干萌芽。基于这个原因，古代印度固然在医学方面积累并发展出了堪称发达的技术，但却从未沉淀出生物学特别是生物化学的土壤。在西方以外的所有地区，理性的化学也始终付诸阙如。

▶ 油画《蒙娜丽莎的微笑》

文艺复兴时期的天才达·芬奇的不朽之作。

东亚的中国，虽有高度发达

① 文艺复兴是一场发生在14—17世纪的文化运动，源于（意大利）佛罗伦萨，后扩展至欧洲各国。这场文化运动的主要内容是对古典文献的重新学习，以及逐步而广泛开展的教育变革。达·芬奇等博学家是时代标杆人物。历史地看，它的主要作用是衔接了中世纪和近代。仅就此书而言，它的作用在于撬动极端且不容置疑的天主教教义。

▶《耶稣被缚上十字架》

的史学，却不曾有过修昔底德[①]的实用性研究方法；南亚的古印度，固然有先行者早早走在马基雅维利之前，但印度甚至包括整个亚洲地区的政治思想，都缺乏一种可与亚里士多德[②]的政治学相提并论的系统性研究，而且还缺少理性[③]概念。在古印度弥曼差学派[④]（school of mimamsa）的庞杂预言中，近东地区内容广博的法典中，以及亚洲其

① 修昔底德是古希腊历史学家，他的《伯罗奔尼撒战争史》被认为是西方史学史上的重要里程碑。他提出了“历史就是当代史”，强调历史研究必须坚持求实原则、必须坚持理智与批判，为后世史学家树立了光辉榜样。

② 亚里士多德是古希腊哲学家、科学家、思想家、博学家，与柏拉图、苏格拉底一起被誉为西方哲学的奠基者。他的著作包含许多学科，如物理学、文学、戏剧、音乐、生物、逻辑、政治、伦理等。2016 年 5 月，考古学家在希腊北部发现了亚里士多德之墓。

③ 在韦伯的笔下，“理性”一词频繁出现，由它派生出来的词汇更多，如“理性化”、“非理性”等，在本书中，“理性”的最佳解释应为“系统性”。

④ 弥曼差学派是古印度正统婆罗门教的学派之一。它尊奉吠陀，履行火祭，强调可以通过仪式化地施行某些善行而达到救赎。

他地区的法律书籍中，仅仅见其发端。理性的法学，是以罗马法[①]中的严格的司法模式与思维方式为基础建立起来的，西方法律显然师承这种系统严密的形式，并受惠于此。另外，类似教会法（canon law）[②]这样的系统性法律结构也仅见于西方。

在艺术方面，同样可以得出类似结论。迄今为止，其他民族表现出来的音乐鉴赏力或许比欧洲人更为敏锐，音乐天赋或许比欧洲人更高，或者说至少不比我们差。各种类型的复调音乐遍布世界各地并且一直存在；由多种乐器伴奏与多声部的伴唱所构成的合奏，在其他地区也都存在过，或至今依然存在着。我们所知道的那些合理的音程，早就为人所知，并被精心计算过。不过，有些东西和诸多创新则是西方所独有的。比如，理性、和谐的和声乐（不管是多声部音乐还是狭义的和声，包括对位法[③]）；基于三和弦和大三度的全音构成；我们对半音和等音的诠释（自文艺复兴以来的和声意义上的，而非空间意义上的）；我们以弦乐四重奏为核心的管弦乐队以及管乐合奏组织；我们的低音伴奏；我们的记谱系统（这一音乐发明使得谱写、演奏及保存现代音乐作品成为可能）；我们的奏鸣曲、交响曲、歌剧（虽说它曾以各

---

① 罗马法，一般泛指古罗马所有的法律，包括自罗马帝国产生至西罗马帝国灭亡时期的法律，以及皇帝的命令、元老院的告示、成文法和一些习惯法在内。罗马法也是循序渐进地发展的。12世纪初，西欧各国先后出现了研究和采用罗马法的热潮，史称“罗马法复兴”。这不是偶然的，其根本原因在于它可以满足当时西欧各国一般财产和契约关系的发展变化的需要。

② 教会法泛指天主教、东正教以及基督教的其他一些教派各种法规，又称寺院法、宗规法。在政教合一的中世纪，天主教会与世俗政权之间经常发生权力之争，但又互相配合，以维护封建统治。教会法就是在这一形势下，以基督教神学为思想基础，吸收了若干罗马法原则而形成。它既适用于教会，也适用于世俗社会，是西欧中世纪时期的重要法律。

③ 对位法：音乐史最古老的创作技巧之一。是在音乐创作中使两条或者更多条相互独立的旋律同时发声并彼此融合的技术。是复调音乐主要写作技术。

种音乐方式广泛存在于别的地区与别的民族的传统音乐生活中）；最后，我们为表现上述音乐形式而发明并不断演进的基本乐器，如风琴、钢琴、小提琴等，所有这一切，都只出现在西方。

建筑方面的情形同样如此。在西方以外的古代世界和亚洲，作为具体装饰手段出现的尖顶拱门（pointed arches）曾被广泛运用。在古代东方，将尖顶拱门和十字拱形的拱顶（cross-arched vaults）结合并置，大概也并非没人运用过。但是，对哥特式[①]拱顶的理性运用，即将它作为一种分散压力和覆盖所有结构空间的手段，尤其是把它突出、确立为建构雄伟建筑物的原则，并且拓展为诸如我们中世纪所创造的那些伟大雕塑和绘画中的一种风格的基础，这些，在西方以外的地区是看不到的。我们的建筑学技术最早确实源自东方，但东方却不曾创造出圆顶这一解决重力问题的高明办法。加之东方远离文艺复兴中心，没机会接受洗礼，自然也就缺乏文艺复兴为我们创造出的那种对于整个艺术世界都有经典意义的一切理性化

▶ 小白宫的圆形拱顶

加州的首府萨卡拉门托市立公园内的州议会大厦，这是当地颇有名气的著名古建筑物。

① 哥特式：英文Gothic的音译，一说此词源于德语Gotik，词源Gott，意为上帝。哥特式也可理解为“接近上帝”的意思。最早是用于区分中世纪的艺术风格。往往以黑暗、孤独、绝望作为艺术主题，表现形式往往是合法的、不对称的、奇特的、复杂的。多用十字架、玫瑰、古堡及纵向延伸的线条与表现元素。

（rationalization）类型，它体现在绘画中便是合理地利用线条和空间透视。

中国有印刷术并且最早发明了它。但是，单单为印刷而设计，并且只有通过印刷才能称其为作品的那类印刷品，如报纸和期刊，却仅仅产生于西方。所有类型的、应该有的高等教育机构，包括那些在表面上与我们的大学或者至少与我们的学院颇为相似者，在西方以外的国家，特别是中国和伊斯兰国家，一直都有。但是，那些拥有训练有素的专业人员、理性系统的科学学科组织，却只有在西方才存在，并且只有在今天的西方，类似学科组织达到且拥有了自身文化系统中的主导地位。

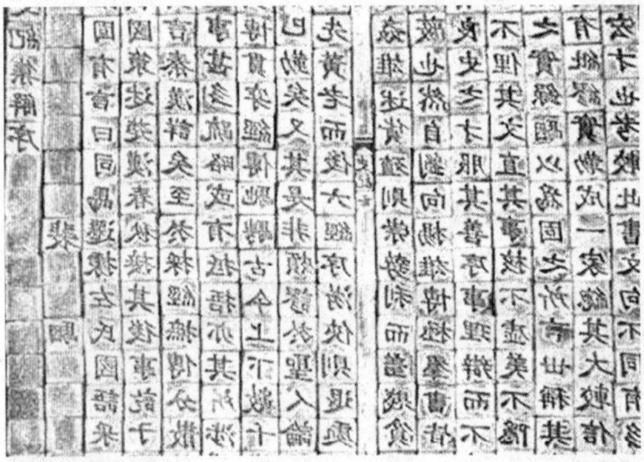

▶ 中国印刷术

特别重要的是，现代国家和现代经济生活的基石——专业化的行政人员——仅仅产生于西方。他们训练有素，还形成了一种类型，这种类型从前只是被智者偶然地设想过，但远未料到这类人员对当代社会秩序的重要性。当然，那些专业化的行政人员，在古代就有过，曾出现在各种社会中。可他们只是先驱者，只是萌芽。唯有在西方——这也是其他任何国家、任何时代的人们所不能深切体会的——我们的全部、我们的存在所关涉的所有那些基本政治、技术以及经济状况等，绝对地与前述专业化组织体系相关联并深深信赖于它。也就是说，那些在技术、商业，特别是法律知识方面训练有素的行政人员，成为社会生活中最为紧要的日常职能的担纲者，不可或缺。

国家的情形又如何呢？历史上，基于特定身份的政治和社会群体组织一直广泛存在着，这是封建社会的必然现象。但是，西方意义上的“王与王国”式而非他处的“朕即国家”式的封建等级制国家[1]，也仅仅存在于我们的文化中。我们由定期选举的议员组成的议会，以及由民众领袖和政党领袖充任向议会负责的部长而组成的政府更是特色产物，尽管从控制、操纵权力意义上说，政党之类的组织在世界各地始终存在。事实上，下述意义的“国家”，即当代欧洲人头脑中的“国家”概念，指的是一个拥有理性的成文宪法和基于理性制定的法律，并具有一个理性的、受法律约束的、由训练有素的行政人员所管理的政府这样一种政治联合体，无疑，具备所有这些基本性质的国家只存在于西方，至少目前是这样。

▶ 《嵩献英芝图》

出自意大利人郎世宁，他生于1688年，1707年加入天主教耶稣会，27岁赴华传教，不久便入宫成为宫廷画家，曾参与圆明园西洋楼的设计，历经康、雍、乾三朝，在中国生活了50多年。

这也同样适用于我们现代生活中最具决定命运的力量——资本主义。对利益或营利的追求，对金钱并且是最大可能数额的金钱的追求，这本身与资本主义无关。这是人性。这样的欲望存在并且一直存在于所有的人身上，我们总会在侍者、车夫、艺术家、妓女、贪官、士兵、贵族、十字军战士、赌

① 以韦伯为代表的西方学者概念中的“封建等级制国家”具有独特性，它是一种统治者与具有凝聚力的贵族阶级以及基于政治的地方自治权力之间的某种不稳定的平衡。因此，它意味着暂时的联合以及权力的某种划分，这种安排是现代宪政国家中的分权的先行者。

徒、盗贼、乞丐身上发现它。可以说，这种逐利性、这种欲望存在于地球上所有国家、一切时代的所有的人，而且不管其实现这种欲望的客观可能性如何，是人就具备这种欲望。所以，在学习文化史的入门课中就应当告诉学生，对资本主义的那种想当然看法——往往以“逐利”一词一言以蔽之——必须扔得一干二净。对财富的贪欲，根本就不等同于资本主义，更不是资本主义的精神。毋宁说，资本主义非但不如此，反倒更多的是对那种非理性（irrational）欲望的一种抑制，或至少是一种理性的缓解。尽管如此，资本主义的特性确实是通过追求利润本身来体现的，其特性即是资本主义企业以一种持续的、理性的方式追求利润，反复地追求利润，并且是不断再生的利润。它别无选择，必须如此。在一个完全资本主义式的社会秩序中，在整个经济体是按照开放市场的规则组织起来的大背景下，任何一个资本主义企业若不利用各种机会去获取利润，等待它的只能是破产。

* * *

让我们给我们的术语——资本主义——下一个比以往的泛泛而谈多少更精当些的解释吧。我们认为，“资本主义的”经济行为首先是一种利用交换机会来谋取利润的行为。也就是说，它依赖于利用和平的（至少形式上是这样）获利机会来获取利润。至于它曾经并且以后也会在形式及实际上均借由暴力来获利，所遵循的则是其特殊规律，因此最好把它放在另一个完全不同的范畴与话题下加以讨论。尽管几乎所有的人都会自然而然地对它这种复杂性、矛盾性发出犀利的质问，但这其实是不适宜的。

我们一直在强调“理性”这个关键词。资本主义的获利行动是按照理性逻辑展开追求的，相应的行为均根据资本核算来调节。也就是说，这样的行动是以系统地利用货物或者劳务作为营利的手段，以期在一个商业周期结束时，企业在资产负债表上的货币资产要高出其“资本”，亦即要超出其用于获利的成本投入。而在持久存在的企业中，这就意味着企业负债表上的价值要不断超出其资本的价值。或许这个企业的生产模式比较原始，如原封不动地交付给旅行商人一定量的商品（其过程也可能是通过贸易原封不动地获得其他商品），即物物互换，又或许其生产模式比较现代，其资产是由厂房、机械、现金、原料以及可用于抵偿的制成品和半成品组成的制造业企业，这在本质上没有任何区别。这里的关键点是，以货币形式进行资本核算。无论这种核算依赖于现代的簿记方式，还是用其他不管多么原始和粗野的方式。总之，做任何事情都必须考虑收支问题：在企业或者企业项目运行之初，要有初始负债表；作出任何决定特别是重大决定前，都要核算其可能的收益，当然也包括风险，以弄清是否有利可图；最后，要有最终的核算，以确定究竟获得了多少利润。

举例说明，一项克门达（Commenda）交易[①]的初始负债表，便（经由交易双方商定）约定了相关货物（这里假定它们还没有被给出相应货币价值）应当值多少钱，而最终负债表则形成了估算，交易完成，进行利润和亏损分配时，所依据的就是这种估算。在所有参与者都是理性的前提下，克门达诸交易方每采取一次行动，

▶ 英国军舰（18世纪）

① 克门达交易分为两种形式，其核心都是合伙进行航海贸易。第一种形式，由海运商人出 1/3 资金，投资者出 2/3 资金，事成后均分利润；第二种形式，接近于日后的股票投资，海运商人不出资金，资金全由不亲自冒险的投资人支付。赚到钱后，投资人获 3/4 的利润，航海商人获 1/4 的利润。

都会以这种核算为基础展开。

完全精确的核算或估价在现实交易当中或许并不存在，因为在很多时候，相应的交易过程往往以纯粹的想当然的方式进行，或只是沿袭传统的、方便的方式进行——所以即使到现在，在那些对精确核算没有绝对必要的地方，这样的估算会出现在所有形式的以资本主义方式经营的企业中。不过，所有这一切所影响到的仅限于资本主义企业在获利活动中的理性程度，而不会扩及理性本身。

我们之所以要界定“资本主义”这一术语，就是为了抽取并更好地说明这种经济行为的关键点，即不断地在所估算的货币支出与所估算的货币收入之间作比较，不管这种比较的形式有多么原始。由此出发，我们可以发现，就我们对古往今来的经济方面的广泛文献统筹研究而言，“资本主义”与“资本主义的”企业，在全球任何一个文明区域都已存在，并且是早已存在的。换言之，“资本主义”和“资本主义的”企业在中国、印度、巴比伦、埃及，在古代地中海地区，在中世纪，都一直存在着，就像它们存在于现代西方一样。这里所说的绝不仅限于那些孤立的冒险事业，而是与之并存的完全依赖于资本理性化运作的“事业”，甚至是连续运转的经济“企业”。当然，在相当长的一段时间内，别的姑且不说，仅就贸易而言，它并不具备我们今天这样的持久经营的特点；相反，它实质上呈现为一系列的个别事业。只是渐渐地，某种内在凝聚力（如通过部门组织等）使得（尤其是）大批发商的经济行为类型化。总而言之，资本主义性质的企业一直是一种持久的、古老的、相当普遍的组织。资本主义性质的企业家，不论是临时投机性的还是固定从事实业的大商人，也是古已有之、长期存在并且遍及世界。

* * *

然而，西方发展了资本主义，它所赋予资本主义的那种重要性在其他地方是看不到的。数量上的可观倒还罢了，主要是西方在取得量化成就的同时，还发展出了其他各地从未出现过的类型、形式和趋势。在全球范围内一直存在着各种商人，批发商和零售商，地域性商人和国际化商人；各种各样的商业贷款一直在发放，还有具备各种职能的银行（至少与我们16世纪时的银行相比，它们的各种职能均已具备）；航海借贷（sea loans）[①]、克门达制、康曼达（Kommandit）[②]类型的企业等，一直广泛存在，甚至成为持续性商业活动。不论什么时期，也不论什么方式，只要金钱财源被集中起来，就会出现放贷者。巴比伦、古希腊、印度、中国以及古罗马，都存在这种情形。一向是这些放贷者，给所有的战争、海上劫掠以及所有类型的契约型合作和建造业提供资金；一向是这些放贷者，参与或者极大地影响相应国家的海外政策制定，甚至他们本人成为役使奴隶或者（直接或间接）使用强迫性劳力的种植园主与殖民地企业家。他们占有着承租给他人的领地、行政机构，既拥有土地和官职，还掌控着税收；一向是这些放贷者，在为政党领袖参加竞选提供资金，以及为雇佣军参加内战提供钱袋子；最后，也是这些放贷者，积极主动地参与着各种攫取金钱的投机活动，任何投机机会都不会被放过。

这种类型的企业家，是资本主义的投机者，机会遍布历史的间隙，所以这些具有资本主义性质的冒险家古往今来在各处各地一直存在。除去买卖、信贷和银行交易之外，他们谋取利益的行为，要么是基本纯然的非理性，要么是投机性的，或者具有某种暴力的特征，诸如掠夺战利品，无论这些战利

① 航海借贷，也称海外贸易贷款，它起源于地中海地区，并在中世纪被西方商人普遍利用。这种贷款形式是对海外贸易所具有的异乎寻常的高风险性，以及借贷者和债权人都试图分散总体损失之风险的一种应对措施。其核心是借贷者付给债权人非常高的利息（高达30%），以换取债权人在出现货物损失的情况下的连带责任。

② 康曼达（Kommandit）是一种公司类型，公司所有者在出现下列两种情况时将承担有限责任：生产有缺陷的产品并出售给经营者、使用者时；雇员遭受伤害时。

▶ 英军炮击舟山岛（1841年9月）

品是直接通过战争还是通过对附属国及殖民地人民不断的财政剥削的方式获得。

在现代西方国家，企业暴发户、大投机商、拥有特许权的大大小小的贵族和冒险家，这些人所演绎的资本主义，以及更为近代的，甚至是和平时期的更为现代的金融资本主义，尤其是那些特别热衷于发战争财的金融资本主义，也常常带有这种非理性的、投机性的痕迹。和过去一样，今天的大规模国际贸易的某些方面（仅限于某些方面），也近似于投机主义。

不过，除此之外，西方在近代还发展出了一种完全不同的资本主义形式，这种资本主义在西方以外的其他所有地方都不曾见过，或者仅见其初始阶段。这种资本主义倒是与投机资本主义一同出现的，但却是建立在自由劳动这个根本理性的、资本主义的组织方式之上的。这种组织方式在其他地方曾经略显迹象。不自由的劳动组织方式甚至也曾达到过相当程度的理智性，但它只出现在种植园内且并非普遍化、绝对化。此外，它也曾在非常有限的程度上存在于古代奴隶工场中。在封建贵族的采邑内，在那些使用农奴劳动的封建采邑作坊以及基于庄园的家庭手工业中，其所达到的合理性程度更低，毋宁说这种理智性差不多只开了个头却没怎么发展过。可以确定的是，使用自由劳动力的真正家庭工业，在西方以外的其他地方只是极为个别地存在过，寥寥可数。那种相对自由的按日计酬的临时雇佣制固然存在于世界各地，但并没有催生制造业，甚至连存在于西方中世纪时的那种理性的手工业学徒组织也没产生。除了极少数例外，如在国家垄断的情形下，它们绝大部分都不可与现代西方的工业组织同日而语。

然而，理性的工业组织以及与之相适应的市场取向（而不是基于政治暴力和非理性的投机），这一重要特征并不是西方资本主义的唯一特点。如果没有下述两个重要因素，资本主义工业的现代的、理性的组织也不可能产生。这两个重要因素就是：（1）住所与经营场所的分离以及事务与家务的分离，这种分离绝对支配着我们当下的经济生活；（2）与上述分离密切相关的合乎理性的簿记方式的产生。

劳动地点和居住地点在空间上的分离，在其他地方也存在着，如东方的巴扎（集市）和其他区域的奴隶工场；具有资本主义性质的联合体的发展及相应账簿的使用，在远东、近东和古代也拉开了小小的开端，但也仅仅是开端而已——其原因就在于，我们通过相应的立法赋予它保障，我们所说的住所与经营场所的分离，实质上是公有财产与私有财产在法律上的分离。在其他地方，即使不能说这全然不曾有过，也可以断言它们仅仅出现过一种趋向。这种趋向之所以会出现在其他地方，那是因为掌权者想使居于其权力之下的营利企业成为皇室或采邑家业的一部分，这种趋向正如罗德贝图斯（Rodbertus）① 所察觉到的，在表面上它与西方的情况很相似，本质上却是不同的。或者不客气地说，它干脆就是一种背离。

* * *

归根结底，所有这些西方资本主义的独特性之所以获得了重要意义，是因为它们与资本主义的劳动组织方式的关联性。即便是人们通常所谓的“商业化”（commercealization），以及可转让证券的发展、通过证券市场交易的投机活动的理性化、交换等，也是可以融入资本主义的劳动组织的背景中

① 罗德贝图斯，理论家与社会活动家，他宣称资本家“必须将他们赚来的钱全部用于享受和奢靡”，因为如果他们“决定节省……商品将积压，部分工人将失业”。

的。因为如果没有这种理性资本主义劳动组织方式，包括“商业化”的发展趋势等所有这些东西，就算有可能，也绝对不会具有同等的意义，尤其不会有与之相联系而产生的现代西方社会结构及其全部特殊问题。精确的核算与筹划是其他一切事情的基础，而这种计算只有在自由劳动的基础上才可能产生。

而且，恰恰是因为在现代西方之外，世人从不知道理性的劳动组织方式，所以他们也就不可能知晓理性的社会主义。当然，世界上（如中国）一直都有城市经济、城市食物供给政策、君主或国王施行的重商主义和福利政策、定额配给制、经济管制、保护主义以及自由放任理论。世人也还进行过各种各样的社会主义的和共产主义的试验：基于家庭的、宗教的及军事的共产主义，国家社会主义（曾存在于埃及），各种垄断卡特尔①，以及消费者组织。然而，尽管在世界各地的不同历史时期里，都一直存在着市民的市场特权、行会、法团以及各种各样的城乡法律差异，但是，“公民”（citizen）这一概念在西方之外却是完全不存在的，“资产阶级”（bourgeoisie）这一概念在现代西方之外也是前所未有的。同样，作为一个阶级的无产者（proletariat）概念，即无产阶级，也不可能存在过，因为不曾出现过那种企业形式的对自由劳动力的理性组织方式。债权人与负债人这两个阶级之间，地主与无地者、农奴或佃农之间，商人与消费者或土地所有者之间的阶级斗争，在各个地方，曾以各种不同的组合方式存在。可是，西方早在中世纪就已有过的雇佣者与其工人之间的斗争，在其他地方到现在也只是个开端而已。至于现代的大工业企业家即雇主与挣工资的劳动工人之间的冲突与对

---

① 卡特尔为法语cartel的音译，原意为协定或同盟，泛指基于共同利益而共同运作的一群企业或一些国家，它谋取利益的通常做法是限制其成员的产量以抬高价格。但由于联盟内部各国或各企业在生产、经营、财务上仍旧独立，所以卡特尔的本质是不稳定的。比较有说服力的例子是“欧佩克”（石油输出国组织）。

▶ 19世纪30年代的英国议会大厦

立，在别的地方则全然不曾有过。因为后者没有机会对立。因此，也就根本不会存在诸如社会主义及其衍生问题。

＊ ＊ ＊

因此，纵观整个世界文化史，或者仅仅是从纯经济的角度看，我们的中心问题归根结底不可能是资本主义活动发展本身，盖因这种发展在不同文化中仅仅具有形式上的差异：投机资本主义（冒险家类型）、商业资本主义（传统贸易）以及以战争或政治作为获利手段的资本主义。毋宁说，中心问题必然是以自由劳动这种理性组织方式为特征的有节制的资产阶级的资本主义的起源问题。或者，从文化史角度说，是西方资产阶级的起源及其独特性的问题。尽管这个问题与资本主义劳动组织方式的起源问题密切关联在一起，但它们绝对是不能等同的两个问题。这是因为资产阶级作为一个阶级存在，明显早于上述独特的西方资本主义的发展，虽然这种情况同样仅仅出现于西方。

回溯历史，现代西方特有的那种资本主义显然一直受到各种技术可能性的发展的强烈影响。在今天的西方，现代资本主义的合理性，实质上并且是从根本上依赖于对技术上的那些最为重要、最具决定因素的可计算性。说简单些，这意味着它依赖于现代科学，特别是以数学和精确的理性实验为基础的自然科学。

另外，这些科学以及以它们为基础的技术的发展，又在科技实践尤其是关涉经济活动的科技实践中，从资本主义那里获得了并且不断获得着关键的推动力，即利益刺激。在这里，作为报偿的市场机会与在经济上对这些科技的应用实现了亲密互动。不过，必须强调的是，我们不能将西方科学的起源归结于上述因素，特别是利益因素。计算，甚至十进位制的计算，也存在于印度的代数中，印度人一直使用着它，何况印度还是十进位制的发明地。可是，这种计算方式并没有进一步使印度同时成为现代算术和簿记法的母胎，反倒是西方资本主义在其发展中利用了它。类似的，数学和力学的起源也不取决于资本主义利益因素。但反过来说，对人民大众生存发展至关重要的科学技术的应用，确曾受到过经济层面考虑的鼓励，这对科学技术在西方的应用甚为有利。毫无疑问，这一鼓励来自西方社会结构的独特性。因

▶《牛顿像》（46岁）

此，我们也就必须发问：这种激励源自这种独特的社会结构中的哪些要件？

在西方社会秩序的构成诸元中，具有毋庸置疑重要地位的无疑是法律和行政机关的理性结构。因为近代的、理性的资本主义不仅需要便于组织劳动生产的可计算的技术手段，而且需要一个可靠且可供信赖的法律制度以及照章办事的行政机关。没有这种类型的法律和行政，冒险性的和投机性的资本主义以及各种受政治制约的资本主义也可以产生并存在下去，但是，现在广泛存在并早已成为西方资本主义重要构成部分的私人经济领域却不可能生存下去，原因前已述及：缺乏保障。

然而，唯有在西方，这种法律制度和行政机关才会并行出现并且相对来说处于一种合法的、形式上的完善的状态，从而一直有利于西方的经济发展。因此，我们又要进一步发问：这种法律从何而来？撇开其他因素不说，经济或利益因素，毫无疑问地为一个在法律方面受过专门训练的司法阶级的出现，以及这个阶级在相应行政机关中取得支配地位铺平了道路，我们有各种调查可供印证。可是经济利益并非孤立地促成了这一点，甚至没能发挥主要作用。因为类似利益曾广泛存在于全球各时期各文化当中，可它们在别处并未创造出那种法律。所以理性的回答是，包括利益因素在内的诸多全然不同的力量，在其发展过程中发挥的共同作用。于是问题又出现了：为什么资本主义利益没有在印度或中国做出同样的事情？为什么这些国家的科学、艺术、政治、经济的发展没能走上西方现今所特有的理性化道路？

* * *

上述所有文字所关涉的系列问题，实际上都在围绕着关于西方文化所特有的理性主义这一问题打转。现在，人们已经习惯于借助“理性主义”这个词来解释、理解诸多截然不同的东西——在接下来的讨论中，我们将会使其

▶ 《利玛窦像》

有可能是中国人创作的第一幅油画，创造“第一”的画者是与利玛窦同住北京的耶稣会修士游文辉。利玛窦是第一个把基督教文化引进中国的传教士，在中国传教近30年，死后经明朝万历皇帝特批葬在北京。他像中国人一样通晓中文，熟读五经，记忆力之好令中国的读书人佩服不已。利玛窦去世后，画像被运到罗马，现藏于博内考斯宫市立美术馆。

含义变得明晰起来。譬如，神秘的观照（contemplation）[①]从当事人的内心看无疑是理性的，但如果从其他生活领域的角度看，它就是特别非理性的。同样，我们有理性化的经济生活、理性化的技术、理性化的科学研究、理性化的军事训练、理性化的法律和行政机关……所有这些领域的理性化，实际上都是人们从各种有利的观点和目的以及终极取向对每一个领域进行的人为的“理性化”。因而，从某一视角看起来是“理性的”事物，换一种视角再看完全就可能是“非理性的”。

因而，我们必须指出，各式各样的“理性化”其实早已存在于各种生活领域和各种文明区域。要想在文化史这个大角度来描绘这些理性化之间的差异及特征，就必须搞清楚：哪些领域被理性化了，以及是朝着哪个方向理性化的？因此，我们的当务之急又再一次回归到了找寻并从发生学上说明西方理性主义的独特性，继而在这个基础上找寻并说明近代西方形态的独特性。确定这种独特性并解释其起源，是我们的核心任务。

在试图作出说明前，经济因素无疑是首要因素，它的重要性具有根本意

① 泛指静坐冥想等神秘的修行方式。

义，每一种解释离开它都不能自圆其说。与此同时，我们也不能忽略反向关联。因为经济理性主义的发展不仅要依赖于理性的技术和理性的法律，它在实施过程中还部分地取决于相关个体的能力和气质。如果这种理性的生活方式在践行过程中为精神上的障碍所阻挠，那么即便是基于理性的经济行为之发展也势必将遭遇严重的内在抵制。在以往，各种玄之又玄的神秘巫术和宗教力量，以及以它们为基础的、以责任为核心的伦理观念，一直都对我们的行为产生着至关重要的乃至决定性的影响。我们会在收入本书的论文中加以探讨。

* * *

关于宗教观念对一个经济体系的精神发展所产生的影响，或者说探讨一种经济制度的社会精神气质（ethos），一般来说很难把握。放在这部宗教社会学论文集开篇的是两篇旧文：《新教伦理与资本主义精神》和《新教教派与资本主义精神》。它们力求通过从一个要点出发来探求上述问题的一个侧面。我们的要点，即近现代经济生活的精神气质与禁欲的新教的理性伦理观念之间的关系问题。因此，这两篇论文所探讨的还仅仅是因果链条上的一个环节。

后面几篇是关于世界诸多宗教的经济伦理（economic ethics）方面的系列论文，它们试图对世界范围内几种最重要的宗教与经济生活的关系，以及它们与各自所处环境的社会阶层之间的关系的概览。这样做是为了在足够宽阔的范围内对各种相应因果关系进行彻底探究，从而找出比较要点，并给予进一步探讨。只有这样，才有可能梳理出相对清晰并且不是孤立的因果归属的脉络，而这一脉络能帮我们确定，究竟哪种构成西方宗教经济伦理的成分——它或它们必须是西方经济伦理独有的——发挥着至关重要的力量。

因此，这几篇系列论文虽说简明扼要，却不想自诩对各种文化作了面面俱到的分析。相反，这些论文所涉及的对任一文化的探讨，都会有意强调该文化区别于西方文明的那些因素。换言之，这些论文被限定于只关心那些从这一观点来看对理解西方文化似乎颇具重要性的问题。鉴于我们特定的目标，这似乎是唯一可行的办法。尽管如此，为避免误解，我必须明确指出相关研究还存在局限性。

另外，我们至少必须告诫那些非专业领域的读者，不要夸大这些研究的重要性。汉学家、印度学家、闪米特文化[①]研究者以及埃及学家等，不必期待在这些研究中发现某些新的事实。我们所能希望的是，这些专家能确认我所阐述的某些关键点没有重大错误。我不是相关方面的行家里手，只能竭尽所能接近这一理想，但最终结果如何，就不得而知了。显而易见且确定无疑的是，假使一个学者被迫只能依赖翻译文献，并且在必须利用某些文献或著作时还被迫依赖一些尚有争议的个人专著，自身却无法对其优劣作出准确无误的评判时，他就必须对自己的著作采取谦逊的态度。本书尤其如此，笔者能够得到的第一手资料（如碑铭和文献）与所需要的资料相比少得可怜，用于研究中国的资料更是奇缺，在这种情况下，我就更应该谦逊地估量这部著作的价值了，那些涉及亚洲的论述尤其如此。

只有专家才有资格对上述研究作最后评判。但迄今为止，抱着上述特定目的，从这一特殊角度从事专门研究的人还不曾出现，所以笔者才写出了这些专论。这些研究，即使没有上述原因，也注定要被更替，因为一切科学研究都要被更替。尽管它们或多或少地取得了几分成功，可我也必须为由于贸然侵入太多自己不擅长的领域承担后果，那就是不管招致多么大的非议，也只好任凭他人去大加怀疑了。

---

① 闪米特是中东民族的语言、文化的一个分支。闪米特人，又称闪族人，这个名字出自《旧约全书·创世纪》所载传说，是起源于阿拉伯半岛的游牧民族，相传诺亚的儿子闪即为其祖先。阿拉伯人、犹太人都是闪米特人。生活在西亚、北非的大部分居民，都是阿拉伯化的古代闪米特人的后裔。

▶ 《耶路撒冷的风景》

美国画家詹姆斯·费尔曼作品。耶路撒冷位于巴勒斯坦中部，介于地中海与死海之间，它是犹太教、基督教和伊斯兰教三大亚伯拉罕宗教共同的圣地。

当下文人学士的风尚与热忱很容易让人们相信，专家在今天可被认定是无用的，或者可以降格为预言家的附庸。我们也必须认可，几乎所有科学方面所取得的成就，而且往往是一些颇有价值的观点，都有业余爱好者的一份功劳。但是，把浅薄的最多是半吊子的作风当成科学的主导原则，只会把科学引向绝路。那些渴望某种涉猎的人应该去电影院，那里会提供浩繁的涉猎所有领域的节目单。当然，这类文学形式的东西在各种著述中也触目皆是。类似的东西与严肃的研究相去何止千里，对自己负责任的读者必须洞察这些。

我还想再说一句，想听布道的人应该去教堂或参加宗教集会。本书所比较的各种文化的相对价值问题，我们将只字不谈。浩荡的人类命运之途，诚然会让那些仅仅是概览了某一片段的人也无比惊讶，但他最好将他那些个人的微不足道的见解隐而不发，就像一个人在目睹汪洋大海或崇山峻岭时所做的那样，除非他认为自己有责任也有天分将自己的意见用艺术的或预言的形式表现出来。至于那些对“直觉”的夸夸其谈，连篇累牍的东西足以掩饰著述者的毫无洞见，其根本态度更令普通读者难以窥悉。

* * *

人种学或者说民族志类资料，在相关研究中一直未被充分利用。这些资料所具备的价值，在任何真正彻底的分析中，特别是对亚洲宗教的研究中，自然不可或缺。对此有必要作些解释。导致这一局限的原因，并非能力有限那么简单。我们在这里所讨论的，是作为各自国家的或民族的文化担纲者的阶层的宗教伦理观念，我们关心的是相应阶层的人的生活行为方式所产生的影响。因而上述缺憾是可以容许的。当然，只有充分地利用人种学或者说民族志类资料，进行更广泛的比较，其所产生并影响的全部细节才能彻底呈现。因此，这里必须承认并强调，这是相关学者完全有理由提出异议的所在。我愿意通过对宗教社会学进行系统研究以弥补这一空白，但那项工作超出了此处这种具有严格限定的目的的考察范围。我们现在必须满足于此，这是我们的根本要点。

▶ 《雍正道装像》

道教是中国土生土长的宗教，崇拜诸多神明，主要宗旨是追求长生不老、得道成仙、济世救人，在中国传统文化中占有重要地位，对中国人特别是传统士大夫性格影响至深。

最后，我们也应该就这个

问题对人类学领域的牵涉予以考量。由于我们不止一次地发现，在西方，并且仅仅是在西方，某种特定类型的理性化甚至存在于一些互不依赖的生活范围内并且也获得了发展，因而有人揣测其根本原因或许在于遗传差异，这本是自然而然的事。笔者本人也倾向于认为生物遗传具有很大程度的重要性，但是尽管人类学研究已取得有目共睹的成就，可我至今还看不到有什么办法可以精确地或大致测定出它对我们在此所考察的问题究竟产生了多大的影响，以及是以什么方式产生影响的。遗传难以也终究不能量化。

社会学与史学研究的主要任务之一，首先就是尽可能多地揭示那些对生活现状与未来趋势具有深浅不同影响的因素及相关因果链条。只有做到这一点，也唯有在能够做到这一点时，即当种族神经学和种族心理学的发展超越了目前来说还不能令人满意的起始阶段水平的时候，我们才能指望得到一个满意的结果。但目前条件还不具备，现在就将问题的答案归诸遗传，是一种不明智的放弃，所以没必要把有可能解决的问题转移为不可论说的未知。

第一卷

问　题

The Protestant Ethic and the Spirit of Capitalism

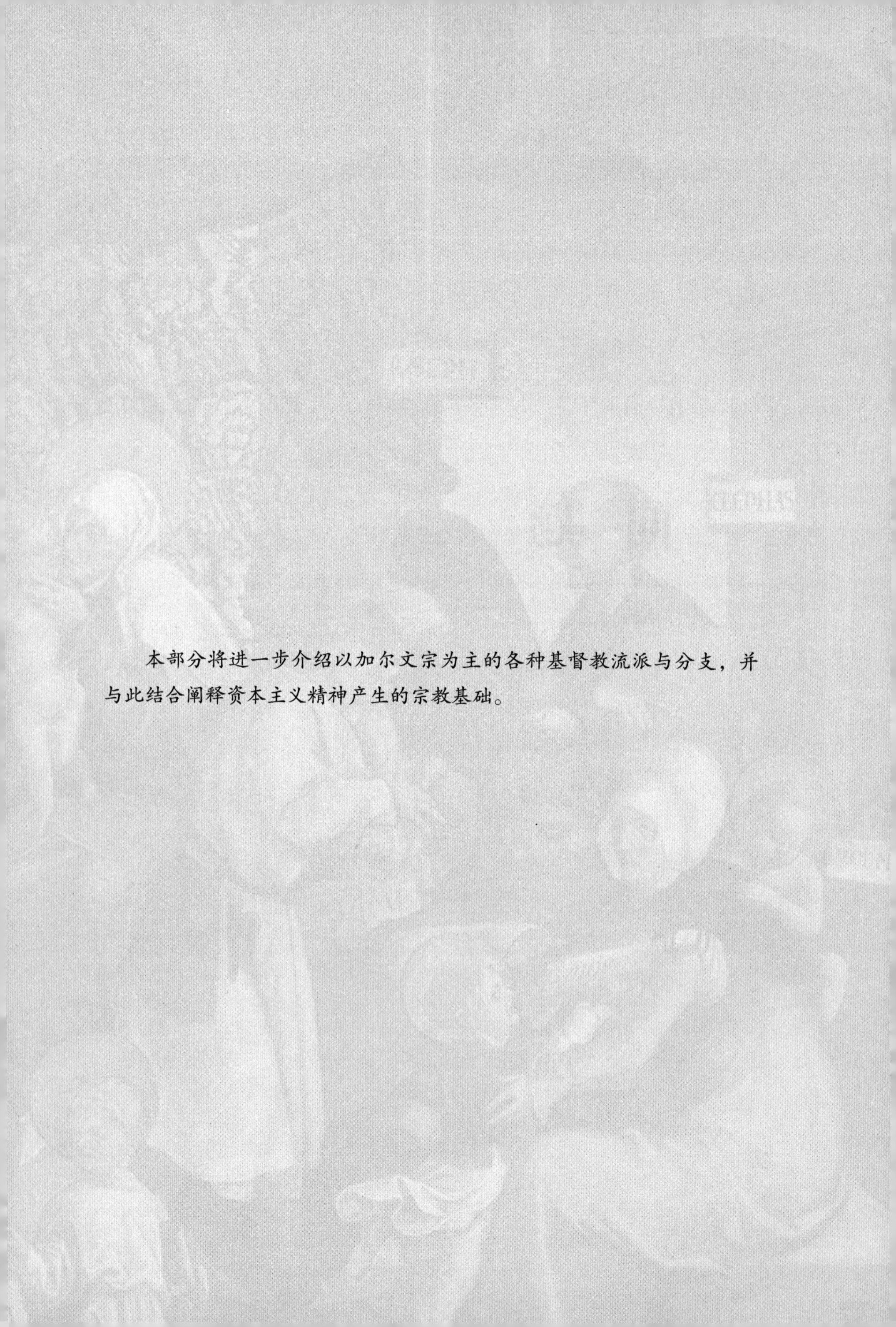

本部分将进一步介绍以加尔文宗为主的各种基督教流派与分支，并与此结合阐释资本主义精神产生的宗教基础。

第一章

宗教派别和社会分层

在所有的数种宗教并存的国度，只要稍微看一下其职业人群的统计数据，就会发现这样一种状况：工商界领导人、资本拥有者、近现代企业中的高级技术人员，尤其是受过高等技术培训和商业培训的管理人员，绝大多数都是新教徒，很少有例外。天主教与新教在这一方面的差距，在德国的天主教文献和书报中，以及德国的天主教大会上，都曾被频频讨论。

除了德国，根据统计数据，天主教与新教之间这一显著差距在其他地区也广泛存在，那些同时存在宗教差别与民族差别的地区也如此，那些在历史发展程度上存在巨大差距的地区依然概莫能外。中欧北部的德意志人与波兰人，就是个好例子。而且统计数据还显示，在任何地方，只要资本主义在其迅猛发展的时期可以根据自己的需要放手重组其影响下的人口结构，那么，当地的宗教派别的统计数字也几乎总是如此。

资本主义发展得越充分，这一状况便越明显。当然，在资本占有者、经营管理者以及现代大型工商企业的高级工人中，新教徒人数较多这一事实，也可以部分地归于历史因素。相应的历史因素可以追溯到很远，但我们发现，宗教派别并非经济状况的原因，它在某种程度上更像是经济状况的后果。这是因为，参与某种经济活动往往意味着要先拥有一定的资本，通常还需要花许多钱接受数年教育，满足这两点，在今天多半要靠遗产继承，至少也要有一定程度的物质保障。此外还应注意到，在16世纪的旧德意志帝国[①]中，一些经济最发达、自然资源最丰富、自然环境最优越的地区（特别是大部分富庶城镇），都转向了新教。这一结果，直至今天还在影响着新教徒，确切地说是使他们在经济竞争中处于有利地位。这样就引出了一个历史性问题：为什么经济最发达的地区，通常都会特别赞成、支持对天主教会进行革命？这个问题的答案远非人们通常所想象的那么简单。

仅从经济脱离传统主义桎梏这一点看，世人对传统生活的怀疑倾向似乎也会大大加强，最终难免影响到宗教信仰，激发对传统权威的对抗。但必须切记一点，这往往也是被人们所忽略的，宗教改革并不等同于解除教会对日常生活的控制，相反，它只是用一种新型的控制取代先前的控制。这意味着那种令人向往的、松弛的、高度愉悦的支配会变得流于形式，取而代之的是一种对于私人生活和公共生活各个领域的一切行为都加以管理的控制方式。这种控制方式是极其难以忍受的，但它必须执行，而且已经穿透了个人私生活的所有领域。

"异教徒必惩，但罪人从宽"，这句谚语简明扼要地说明了早年而非当今天主教会的控制特征。这一教规曾在15世纪初被地球上最富裕、最发达地区的诸民族所接受，甚至在今天，它虽然不似过去实施得那么有力，但依然被很多具有彻底的现代经济特征的民族所认同。与之相反，加尔文教[②]的教规，正如它在16世纪的日内瓦和苏格兰、16世纪与17世纪之交的荷兰大部

① 德国人的祖先为古代居住在中欧的日耳曼人。9世纪时，日耳曼人建立神圣罗马帝国，后发生分裂，最多时有几百上千个小邦国。1871年，普鲁士王国统一德国各邦，才建立起现代意义上的德国。

② 加尔文教是加尔文于16世纪宗教改革运动时期建立的，是基督新教的三大主要宗派之一。加尔文教重视"因信称义"，认为只要是信仰上帝的人，都可以得到救赎从而获得永生。

分地区、17世纪的新英格兰以及一段时间内在英格兰本土所实施的那样，在我们现时的眼光看来是一种宗教绝对无法忍受的对于个人的控制形式。这也正是当时处于其影响下的大部分人特别是商业参与者的看法。相应地区有宗教发言权的人们所抱怨的，不是教会对生活监督过多，而是过少。那些由于处在经济最发达的国家所以蒸蒸日上的中产阶级，不仅没有阻挡这种史无前例的清教专制，反而为保卫这种专制发展出了一种英雄主义精神。这又该怎样解释呢？确实，资产阶级在此之前极少服从过这样的暴政，之后则从未认同过，正如卡莱尔（Carlyle）[①] 所说过的，“这是我们最后的英雄主义”。

▶《布鲁诺被烧死在罗马广场》

布鲁诺是意大利科学家，他因坚持传播和发展哥白尼的“日心说”，被天主教廷视为异端，被教皇骗回意大利投入监狱后，他拒不认“罪”，于1600年2月17日被烧死在罗马鲜花广场。

* * *

但必须进一步追问：新教徒能在世界各国对资本拥有更多所有权，并且更多地参与到现代经济的高层次博弈，即处于管理者地位，在今天可以理解为或者部分地理解为只是由于他们在历史上占有了大量财富并且成功地将这些财富传给了下一代吗？通过进一步观察，并探析下面实例，可知因果链条

① 托马斯·卡莱尔是苏格兰历史学家，主要著作有《法国革命》《论英雄、英雄崇拜和历史上的英雄事迹》和《普鲁士腓特烈大帝史》，长于讽刺，在维多利亚时代很有影响力。

并不牢固，很多现象解释不通，事实远非这么简单。

首先，正如统计数据所显示的，在巴登、巴伐利亚、匈牙利[①]，可以发现天主教徒父母同新教徒父母为子女提供的高等教育种类大不相同。在高等学校中，在校生和毕业生中天主教徒的比例，一般都低于他们在总人口中的比例。这一事实，的确在很大程度上可以用两者代际财富转移上的差距来解释。

但继续观察下去，就会发现这条路行不通。在天主教徒毕业生中，毕业于专业技术训练学校和工商业人才学校的人数比例，以及毕业于一般培养中产阶级从业人员的学校的人数比例，远远低于新教徒毕业生。天主教徒乐于选择的是文科学校所提供的人文教育。这种选择无法与财产继承直接挂钩。不过，这倒是为什么天主教徒参与商业活动的比率较低的侧面原因之一。

有一个更为令人注目的事实，可以部分解释天主教徒为何在近代工业企业熟练工人中的比例只占少数。众所周知，工厂的熟练工人很大程度上来自青年一代的手工业者，尤其是在工业发展初期。也就是说，工厂其实是把培训劳工的任务巧妙地丢给了手工业。一旦这些年轻人获得了技术，工厂就把他们吸纳为熟练工（jouyneymen）。但这种情况多发生在新教徒身上而不是天主教徒身上。换言之，天主教徒熟练工更倾向于留在他们的手工业本行中，热衷于成为本行业的师傅。新教徒熟练工却以相对更高的比例流入工厂，高级技术工人和职业经理的职位对他们来说更具吸引力。对此，只能这样解释：一种受后天影响习得的内在品质，即心理和精神特质（包括家族、父母及所有相关者所皈依的宗教气氛的共同影响）决定了成长的方向，也决定了一个人对职业的选择及职业生涯。

在德国，天主教徒较少参与到现代经济生活中这一事实更令人感到惊

① 巴登与巴伐利亚皆为德国地名，匈牙利也与德国存在着人种与语言上的密切渊源。

讶。因为这与以往任何时候也包括现在我们所能观察到的经济规律恰恰相反。那些被迫屈从于统治集团的少数民族或者少数教派，由于他们自愿或者被迫游离于主体民族或宗教把持的行政体制之外，从而多会以一种退而求其次的姿态强劲地介入经济尤其是商业领域。由于他们没有机会或者拒绝为政府工作，所以他们当中那些最富有才干的成员通常只能在商业领域实现自己的价值，以使自己获得某种平衡。俄国境内的波兰人和东普鲁士人①就是这样，他们的经济势力在当地获得了确定无疑的优势。在那里，作为天主教徒的他们属于少数派，与天主教徒占主导地位的波兰加里西亚地区相比尤其如此。与之类似，法国路易十四时代②的胡格诺③教徒，英国的不信国教者和贵格会④教徒，还有不能不提及的两千年来一直如此的犹太人，也都如此。然而，德国的天主教徒却并不遵循这种规律。他们的群体与他们的势力完全成正比。

在先前的荷兰和英格兰，不管天主教徒是受到迫害还是受到尊崇，他们也从未像当地的新教徒那样在经济上取得任何令人瞩目的成就。相反，新

① 俄国（俄罗斯）本是东欧草原上一个小小的公国，1721年改称俄罗斯帝国，并走上对外侵略扩张的道路，曾吞并欧亚多个国家和地区。

② 路易十四号称“太阳王”，是法国历史上最伟大的封建君主之一，共执政72年，在位期间施行君主专制，认为君权神授，“朕即国家”。

③ 胡格诺派属于新教派之一，形成于16—17世纪的法国。主要以力求保存城市“自由”的资产阶级和手工业者组成，也有部分企图夺取天主教财权的贵族。很长一段时间，胡格诺派都处于受迫害的境地。在著名的“胡格诺战争”败北之后，法王路易十四撤销了《南特敕令》，导致胡格诺教徒纷纷逃亡，人数达25万以上。直到1802年，此教派才得到国家的承认。

④ 贵格会又名公谊会，教友派。起于17世纪中期英国及其美洲殖民地。创立人为乔治·福克斯。公谊会没有成文的教义，最初也没有专职的牧师，以直接依靠圣灵的启示，指导教徒的宗教活动与社会生活，带有一些神秘的色彩。它反对任何形式的战争与暴力，反对圣洗与圣餐，提倡人人平等。现有教徒大约60万。

教徒不管是作为统治集团，还是被统治乃至被压迫集团，特别是后面还要详尽探讨的新教运动的某些支派，他们都表现出把经济理性主义发扬光大的倾向。尽管有时候这仅仅表现为一种倾向，可它从未在天主教徒身上得到明确彰显。因此，相关答案就只能到宗教信仰所赋予人们的永恒内在特质中去寻找，而不能寄希望于相关宗教各自所处的外在历史——政治环境等因素的影响。

我们的首要任务，是致力于研究每一宗教所具有的或曾有过的特征，正是这些特征导致了我们前文描述的那种行为与结果。人们习惯于只作表面的分析，只根据一些表浅的印象去表述上述差异：天主教教义讲究疏离此世，更注重来世，其最高理想更具禁欲特征，这会使其信徒在面对现世利益时无动于衷，至少不是那么疯狂。事实上，这正是当下德国人在评述两大教派时的流行论调。它被两大教派有选择地利用着。新教一方用它抨击天主教以禁欲为核心的生活方式，对方则非难说，要不是因为新教把基督教的教义搞得太世俗化，人们就不会唯利是图。某当代作家曾这样描述两大教派对经济生活的截然不同的态度：

> 天主教徒……更加恬静，更少欲望，更少有投身商业的动机与野心；他们宁愿过一辈子收入有限但相对安稳的生活，也不愿意选择有机会名利双收但富有挑战乃至惊心动魄的生活。有句德国谚语说“要么吃好，要么睡好”，套用在此再合适不过，“新教徒宁愿吃得舒服，天主教徒则乐意睡得安稳”。

为了吃得舒服，“适当”割舍灵魂的安稳，这种物欲虽非全面但却恰如其分地概括了当今德国许多有名无实的新教徒的行为动机。然而，事情在过去却大不一样：英国、荷兰、美国的清教徒的典型特征恰恰是抵触声色

▶ 德国神父马丁·路德在威登堡大学教堂门口张贴《九十五条论纲》

犬马。我们在后面会做重点介绍，因为它对我们的研究极其重要。更有甚者，如法国的新教徒（当然也包括其他一些地区的新教徒）长期甚至至今仍在一定程度上保留着加尔文教会被历史烙上的那种典型特征，特别是它们在多次宗教斗争的磨难中被烙上的特征，也就是某种严谨的生活态度而非对生活的自然享受，更不要提纵欲。然而众所周知，新教是法国近代工业及资本主义发展的最重要因素之一，直到今天也是如此，即便在新教被压制被迫害至所允许的狭小范围时也是这样。这种谨严与新教在资本主义发展有何关系？这一问题我们留待后面回答。

外在严谨的生活态度，彰显的是内在的宗教热忱，易言之，是“疏离此世”的教义在发挥作用。问题是，这种说法并不成立。法国的加尔文派，不论是过去的还是现在的，他们都与今天德国北部的天主教徒一样“疏离此世”，专修来世，尽管德国北部的天主教徒比其他任何地区的天主教徒都更加虔诚。而且，它们还分别与它们各自国家占支配地位的宗教类别相离异，前者对应的是法国天主教，后者对应的是德国路德宗新教。法国的下层天主教徒非常热衷于生活享乐，上层则公然敌视宗教。德国的新教徒大都致力于世俗的经济生活，上层则对宗教漠不关心。

* * *

上述比较已经清楚不过地表明：无论是将天主教教义的核心强行命名为“疏离此世”，还是将新教教义简单定义为“享受今生”，都太过含混、太过片面，对解决前面提出的问题没有任何好作用。以此概括二者的区别，不但不足以说明今天的实际情况，更不足以说明过去的实际情况。

如果有人仍想用这种经不起检验的概念来分析我们的课题，那么势必会引出更深入的若干个观察与分析。这些观察与相关分析可以归结为一个推测：在以疏离此世、苦修来世、宗教虔诚为一方，与以在资本主义体制下致力于资本的获取的另一方的所谓冲突中，事实表明，双方实际上具有极其密切的关系。

事实上，只需要从一个最为浅表化的角度去观察，就能明显看出上述密切关系。我们会看到，许多或者说是非常多的具有最高精神状态的、虔诚的基督教大人物，他们都出自商业圈，至少是出自有着商业取向的圈子。特别是有着相当多数量的最为虔诚的虔信派教徒都是这种出身，这不得不让人感到惊讶。或许这可以解释为宗教虔诚度过高的人难以适应商业与销售行业，他们骨子里对金钱与财富及其相关的庸俗的、邪恶的、破坏性的印象（拜金主义）导致了他们对商业的下意识反应。许多虔信派教徒，诸如方济各托钵修道会的创始人——阿西西的弗兰西斯①（Francis of Assisi）等人，实际上也经常这样来解释他们的皈依过程。同样，有不少成功的大企业家、大资本家都出身牧师家庭，如西塞·罗德斯②等人，这似乎也可以解释为是对他们禁

① 弗兰西斯是中世纪意大利基督教神学家，也译作方济各、圣方济各，是方济各会的创始人和第一任会长。他因为年轻时的一场大病而幡然悔悟，决心遵循《马太福音》和《路加福音》的教导，传播福音，拯救世人。

② 西塞·罗德斯是19世纪的英国商人，通过剥削非洲资源获得巨大利益，死前创立世界性奖学金——罗德奖学金。

欲主义的成长环境的反应。然而，如此解释很难说明这样的事实——上述人群无疑是将一种异乎寻常的资本主义商业意识和一种渗透着、支配着整个生活的极其狂热的宗教虔诚天衣无缝地结合在他们身上。

这并非孤证。类似现象在新教历史上是许多最重要的教会和教派所共有的。特别是加尔文教派，无论是在瑞士，还是在苏格兰、北欧各国以及美国，它出现在哪里，总是体现着这种结合。虽不能说加尔文教派在传播发展过程中总是与某个特定阶层发生着密切联系，但是在宗教改革风起云涌的年代，确实产生了诸如法国胡格诺教会这样的特色实例——法国胡格诺教会很少和某一特定社会阶级息息相关，其皈依者中修道士和商业人士却特别多——宗教迫害时期尤其高得不成比例。

这是很独特的，一定程度上也是非常典型的。甚至连虔诚得近乎极端的西班牙人①都知道异端邪说（即荷兰人的加尔文教）有利于贸易，“激活了商业精神”，而这一结论恰好与威廉·佩蒂（William Petty）勋爵②在探讨荷兰的资本主义发展原因时所发表的见解相吻合。经济史学家哥赛因（Gothein）③也曾恰如其分地将加尔文教徒的聚居地称为“资本主义经济的温床”。

当然，人们可以忽视这些，转而把它们归功于别的因素，如荷兰以及法国经济文化的优越性，如离乡背井对于打破传统社会关系所起的强有力影响——这被不少人看作决定性因素。然而我们知道，至少在17世纪的法国，这种商业取向与强烈宗教虔诚的结合就已明显存在，科尔贝特

---

① 欧洲历史上大名鼎鼎的天主教双王——伊莎贝拉一世和斐迪南二世统治西班牙帝国时期，奉天主教为国教，极端严厉地迫害新教徒与异教徒，不从者要么课以重税，要么离开西班牙，间接导致了西班牙帝国的衰落与荷兰等新教国家的兴起。

② 威廉·佩蒂是英国古典政治经济学创始人，统计学家，一生著作颇丰，主要有《赋税论》《献给英明人士》《政治算术》《爱尔兰政治剖析》《货币略论》等。

③ 哥赛因，德国史学家，以经济史研究见长，代表作为《黑森林地区经济史》。

▶ 约翰·加尔文

新教改革运动的推动者，法国著名的神学家。

(Colbert)[①]的斗争就是明证。就连奥地利都曾直接引进新教徒手艺人[②]，更不必说其他国家了。

然而需要注意的是，由于新教教派众多，并非所有的新教派别在促进资本主义发展方面都有同样强烈的影响。例如，在德国，加尔文教的影响是最强的，它似乎比其他教派更大地促进了资本主义精神的发展，不管是在乌珀塔尔（Wupperthal）[③]还是在其他地方，都是如此。反面的例子则是路德宗[④]，它在乌珀塔尔地区的相应影响就相形见绌，无论是具体事例还是总体情形比较都证实了这一点。

---

① 科尔贝特是法国路易十四时代卓越的财政大臣，伏尔泰曾称其为“治国良相”。特别重要的是，他将重商主义付诸持久的实践，极富创造性地扶植了法国的制造业，堪称“法国工业之父”。在经济学话语中，重商主义往往也被称为“科尔贝特主义”，可见科尔贝特的历史地位之高。

② 奥地利从中世纪开始到“一战”结束前都是欧洲列强之一，还是统治中欧650年的哈布斯堡王朝的所在地，至今仍有78%的居民信奉天主教。

③ 今天的乌珀塔尔是德国一座中型偏大城市，人口36万，城里的悬挂列车世界驰名。

④ 路德宗，由马丁·路德于1509年创立于德国。这一宗派的建立，标志着基督新教的诞生。该宗派教义核心为“因信构义”，主张人们唯有对基督教的真正信仰，才能成为义人，仅凭遵守律法、道德戒律和外在善功并不能得救。而所谓义人，指的就是无罪的、得救的、高尚的、得永生之人。

国外也是如此，苏格兰历史学家巴克尔（Buckle）[①]，英国诗人济慈（Keats）[②]，都强调过他们所在的国家存在类似关系。

还有一种更为惊人的结合必须提及，那就是在一些既以苦修来世为人敬仰又以腰缠万贯令人艳羡的派系中，特别是在英国与北美的贵格会教派以及荷兰与德国的门诺派[③]教徒，笃信宗教的生活方式和非同寻常的经商手腕被完美地结合起来。在东普鲁士，门诺派教徒曾断然拒绝为国王服兵役，但弗雷德里克·威廉一世大帝[④]对他们手下留情，因为他们对地区工业的存续发展必不可少。虽然这可以视作说明这位君主复杂又特殊的性格的具体案例之一，但它并不是孤立的案例，只是比较突出而已。

最后，极致的宗教虔诚与相得益彰的商业手腕的结合，也充分体现在德国的虔信派教徒身上，这在德国人尽皆知。

德国的莱茵河地区和卡尔夫地区[⑤]也应该被提及，但你只要大致回顾一下它们的历史，尤其是宗教演进史，便可一目了然，无须展开。

＊　＊　＊

行文至此，我们依然还停留在纯属导言性质的讨论中，更多的例子不

---

① 巴克尔是著名的实证主义史学家，是打破传统史学、力求建立新史学的先驱。他以两卷《英国文明史》闻名于世，对近代日本和中国史学均有影响。

② 济慈是著名诗人，也是作家，才华横溢，但英年早逝，去世时年仅25岁。

③ 门诺派教徒奉15—16世纪的荷兰再洗礼派权威门诺·西门斯为领袖，该派影响巨大，但奉行和平主义，拒绝传统意义的苦行主义。

④ 威廉一世绰号“军曹国王”，他的父亲腓烈特一世成功地将普鲁士变为一个王国，他本人则大大加强了这个王国的军事力量。通过加重赋税，普鲁士军队从3.8万人增加至8.3万人，一跃成为欧洲第三军事强国。

⑤ 莱茵河是西欧第一大河，也是德国最长的河流，流经德国的部分长度为865千米，流域面积占德国总面积的40%。卡尔夫是德国巴登—符腾堡州的一个县，而巴登—符腾堡州的西部自然边界就是莱茵河。

▶ 德国莱茵河畔风景

需要再堆砌了。上述林林总总的例子已充分说明一个问题：艰苦创业的精神，积极进取的精神，或者不管称其为什么精神都好，这种精神的觉醒与崛起往往被归功于新教。这种精神绝不可以被肤浅得近乎无知地解释为“对生活乐趣的享受”，同时它也不该在任何意义上被理解为与启蒙运动有所牵涉——事实上今天有许多人相信这一点。其实，路德、加尔文、诺克斯（Knox）[①]、弗埃特（Voet）[②]等人一手创建的老牌新教与今天所谓的进步精神几

① 诺克斯是苏格兰历史上重要的神学家及苏格兰加尔文宗的改革领袖。他早年因藏匿有共同信仰的反叛者被法国人俘虏，出狱后曾接受邀请在爱德华六世的皇宫中讲道，因与信奉天主教的玛丽皇后发生冲突，逃离英国，先后流亡在法兰克福与日内瓦，其间写下了一系列宣教小册子。返回苏格兰后，他通过有力的讲道和带领，成功地帮助苏格兰完成改教运动。

② 弗埃特是荷兰的一位研究近东语言的教授，他对虔信派的教义有过重大影响。

乎毫不相干。今天，即使是最极端的宗教主义者也不会想要抑制现代生活的一些中心要素，而这正是老牌新教当年所热衷的。

因此，如果有必要在老牌新教精神和现代资本主义精神之间寻找些内在联系的话，那我们无论如何也不应该把切入点放在物质至上主义与“对生活乐趣的享受”上。我们应该集中精力于新教的宗教品性。孟德斯鸠[①]在描述英国人时，说他们“在世界上所有民族中取得了三项最长足的进展，即虔诚、贸易和自由”。英国人在贸易上的优势和对自由政治的天分，难道不是与孟德斯鸠同样提及过的“卓著的虔敬”连为一体的吗？

我们之所以以这种方式提出这一问题，是因为这样做至少能让相关的、整体多重的、内在可能的联系，直接显现在我们面前，虽然它看上去还很模糊。因此，尽管在上述每一案例中都存在这样或那样的分歧，毕竟历史材料繁多驳杂，导致我们甚至无法完全察知所有相关分歧，但至少已经有一个模糊地出现在我们面前的问题供我们尽可能清晰地阐述了。当然，为了完成这一任务，我们必须忽略这种模糊性，从而竭尽全力去探究历史上基督教各个不同分支曾经存在过的所有思想教义的特性与相互差别。

最后，在展开具体任务之前，尚需作必要的补充说明：我们试图为之提供历史性解释的那些现象的特殊性质必须首先加以讨论，然后才能讨论在本书的研究范畴内，这样的解释具有什么意义。

① 孟德斯鸠是法国启蒙时期的思想家，也是西方国家学说和法学理论的奠基人。他与伏尔泰、卢梭合称“法兰西启蒙运动三剑客”，是一位百科全书式的大学者，成就巨大，荣誉至高。

第二章
资本主义精神

本节的标题多少有些吓人，也过于抽象——资本主义精神——该如何来理解它呢？试图给它下一个哪怕是近似的定义，也是一件非常困难的事，这种困难是这类研究本身的性质所决定的。

如果你能够发现一个对象，而“资本主义精神”这一术语能够在一定意义上适用于它，那么这一对象只可能是某些具体案例。这样的案例，只是包含“资本主义精神”特征在内的诸多历史实在关系的复合。此处是从这些关系的文化意义的视角出发，把它们集合成为一个概念整体。

然而，这样一个历史概念，显然不能按照如何与其他概念相对“清晰划界”的方法来定义，这是因为就其内容而言，它指的是一种由于具有独一无二的个体性才具有意味的现象。进而，要构建这一概念，必须逐步、逐一地把那些历史现实中的所有个别部分抽取出来并放置在一起，从而组成这个概念。因此，这个概念的最终完善形式就不可能出现在我们研究的开端，而必须出现在相关考察之后的研究结论中。换句话说，我们必须在讨论过程中对我们所谓的“资本主义精神”这一概念作出最完善的阐释，并把这种阐释作为本节讨论的最重要结果。这样做，是最适宜的做法；这样得出的定义，才是我们需要的定义。

此外，我们必须认识到，下面将会谈及的观点，以及我们看问题的视角，对于我们正在考察的相关历史现象，并非唯一可能的观点与唯一可能的视角。从其他立场出发，去考察相关历史现象或其他任何历史现象，也可以获得与我们发现并提出的一些基本特征同样重要的一些特征。从这一前提出发，可知无论我们如何去理解“资本主义精神”，都不要把“资本主义精神”理解成仅仅是我们这里所说的一种东西，因为我们像所有研究者一样，开口或者动笔之前，就已经对应着某种目的。这也是由各种历史概念的本性所决定的。因为从历史概念的方法论意义上说，构建一个概念，并不是要以抽象的普遍公式来把握历史实在，而是为了更好地针对某一历史事件中正在具体发生着的各组关系来把握这一事件，而这些关系往往具备独一无二的个体性特征，不具备普遍意义。

这就是说，即使能够对我们现在正在试图进行分析并作出历史解读的这个对象加以厘定，我们也不能提供一种标准化定义，我们只是根据需要对我们的课题——资本主义精神——作一暂时性的描述。话虽如此，但这样的描述对于深入了解我们所考察的对象来说却必不可少。为此，我们应该及早把精力转向一个关于“资本主义精神”的文献，这份文献不仅近乎经典地保存着我们正在寻找的那种精神，与此同时它还具有非宗教性的优点，至少是摆脱了与宗教的任何直接关系。这也是我们引用它的主要原因，它能避免给人以先入为主之嫌。

“切记，时间就是金钱。假如一个人通过自己的劳动一天能挣到十先令[①]，那么，如果他外出娱乐或者无所事事地闲坐了半天，不管他在此期间花了多少钱（如六便士），都不能认为那就是他全部的花销；他其实花掉了或

① 先令是英国的旧货币单位，也被广泛使用于英国的殖民地，如独立之前的美国。1英镑等于20先令，1先令等于12便士。1971年英国进行货币改革，先令被废除，1英镑等于100便士。

者说是白扔了另外五先令。

"切记，信用就是金钱。如果有人把钱借给我，到期之后又不取回，那么，他就是把利息给了我，具体地说是把我在这段时间里可用这笔钱获得的利息给了我。假如一个人信用好，借贷得多并善于利用这些钱，那么他就会由此赚到相当可观的钱。

"切记，金钱具有滋生、繁衍的能力。钱可以生钱，滋生的钱又可以再生，如此生生不息。五先令经过周转可以变成六先令，再周转可以变成七先令三便士，如此周转下去，最终变为一百英镑也很正常。钱越多，每次周转再生的钱也就越多，这样，收益也就增长得越快。谁若杀掉一头下崽的母猪，实际上就是毁了它的一千头后代。谁若是糟蹋了一个五先令的硬币，也就是拒绝了所有它原本可以滋生的金钱，很可能是几十英镑。

"切记下面的格言：善于付钱的人是别人的钱袋的主人。谁若是被公认为一贯准时按照承诺付钱（或还钱）的人，他便可以在任何时候、任何场合聚集起他的朋友们所用不着的所有的钱。这一点时常大有裨益。除了勤奋和节俭，在与他人的交往中守时并奉行公正原则对年轻人立身处世最为有益。因此，借别人的钱到了该还的时候一小时也不要多留，否则一次失信，你朋友的钱袋则会永远向你关闭。

"影响信用的事，哪怕十分细微也得注意。如果你的债权人清早五点或晚上八点听到你工作的锤声，这会使他半年之内感到安心；反之，假如他看见你在该干活儿的时候玩台球，或在酒馆里，他第二天就会派人前来讨还债务，而且急于一次性全部收清。

"此外，你应该把欠别人的东西一直记在心上，并且表现为谨慎的行为，这样人们会觉得你认真可靠，而这又增加了你的信用。

"要当心，切不可把你现在所拥有的一切都视为己有，生活要量入为出。很多有信用的人都犯了这个错误。要想避免这个错误，就要在一段时间里将你的支出与收入作详细记载。如果你在开始时花些工夫作细致的记录，便会有这样的好结果：你会发现不起眼的小笔支出是怎样积成了一笔笔大数目，你因此也就能知道自己已经省下多少钱，以及将来可以省下多少钱，而又不会感到什么不便。

“如果你是个公认的节俭、诚实的人，你一年虽只有六英镑的收入，却可以使用一百英镑。

“一个人若一天乱花四便士，一年就会乱花六个多英镑。而这样做，实际上是以不能使用一百英镑为代价的。

“谁若每天虚掷可以创造四便士金钱的时间，实际上也就是每天虚掷了使用一百英镑的权益。

“谁若白白浪费了可以创造五先令价值的时间，实际上等于白白丢掉了五先令，这就如同故意将五先令扔进大海。

“谁若丢失了五先令，实际上丢失的不只是这五先令，而是同时丢失了这五先令在周转中会带来的所有收益，这份收益到一个年轻人老了的时候会积累成一大笔钱。”

这是本杰明·富兰克林[①]（Benjamin Franklin）告诫后人的话。费迪南德·古恩伯格（Ferdinand Kurnberger）在其名著《美国文化览胜》[②]（*Picture of American Culture*）中讽刺地说，这些话是美国佬的自白，是对他们想象的

① 本杰明·富兰克林是美国开国元勋，同时还是科学家、发明家、出版商、印刷商、记者、作家、慈善家，更是杰出的外交家。他曾出任美国驻法大使，成功取得法国支持美国独立。同时他也是“避雷针”的发明者，进行过多次关于“电”的实验。法国经济学家杜尔更评价富兰克林：“他从苍天那里取得了雷电，从暴君那里取得了民权。”

② 这部著作是古恩伯格就一位学者对美国的印象而进行的一种虚构性的阐述，所以不要把它当成单纯的美国文化介绍之作，它精彩地论述了美国人与德国人的鉴赏力的差异。

▶ 本杰明 · 富兰克林

资本主义精神最完美的代表，18 世纪美国伟大的科学家、政治家，也是美国独立战争伟大的领袖。

教义的形象表述。

毫无疑问，富兰克林的话中所展现的正是典型的资本主义精神，虽然带着他个人的风格。显然，我们也不能说这些话包含了“资本主义精神”的所有方面，前者只是冰山一角，而后者包罗万象。

我们不妨稍微玩味一下富兰克林的话，正如古恩伯格所说的那样。他曾经把美国佬的哲学概括为这样两句话：“从牛身上刮油，从人身上刮钱。”具体到富兰克林等杰出人物，古氏的讽刺暗示了一种奇特性。富兰克林的话不失为一种贪婪的哲学，他不仅把这种贪婪哲学奉为理想，而且潜移默化为一种观念，即“富兰克林”们认为个人有增加自己的财富（资本）的责任，而增加财富（资本）本身就是目的。

的确，富兰克林所告诫的，不仅是一种生活常识和发迹的方法，还是一种奇特的伦理观念。违反其观念或许不会被认定为愚蠢，但绝对是某种忘记责任的表现。这一明显特征正是“资本主义精神”的实质与内核。它宣扬的不仅仅是一种比比皆是的经营智慧，更是一种精神气质。这正是我们感兴趣的地方。

雅各布·福格[①]（Jacob Fugger）和一个朋友有过一段经典谈话。同为商业大佬的朋友当时已退休，也想劝福格适度远离商海，因为他的钱赚得已足够多，是时候给别人些机会了。福格断然拒绝了朋友的劝告，说那么做是一种“可鄙的怯懦”，而他另有想法。钱对福格来说，“只要能赚，他就想赚，直到他赚不动那天为止”。

福格的话里有富兰克林的影子，二者所表现的精神大相径庭。前者表现的是商人的胆略和无涉道德褒贬色彩的个人财富取向，后者则是具有伦理色彩的劝世格言。本书所探讨的“资本主义精神”这一概念，自然是指富兰克林式的现代资本主义精神。也就是说，我们这本书的重点讨论对象只是西欧和西欧之外延——美国的资本主义精神。如前所述，资本主义曾经在中国、印度、巴比伦，在古代的希腊和罗马以及中世纪存在过。但我们看到，只有西欧和美国的资本主义具备我们所探讨的那种独有的精神气质。

这种富兰克林式的资本主义精神及其隶属的道德观念不免为人诟病，它带有明显的功利主义色彩。富兰克林强调诚实，是因为诚实有用，是因为诚实能带来信誉；他告诫我们守时、勤奋、节俭，也是因为它们都有用，同时它们也都是美德。由此推导开去，人们或许会得出这样的印象：依据富兰克林所说，假如诚实的外表能达到相同的目的，那么有个诚实的外表就够了，而无须货真价实的诚实。其他所有美德也是如此，够用即可，达到目的即可，过多的美德则是不必要的浪费。事实上，富兰克林确曾在其自传中讲述自己如何“皈依”这些美德，或者诸如关于严格保守自己节制的形象以及如何努力自谦而后得到众人赏识等，这些都是人们对其上述印象的佐证。依

---

① 雅各布·福格是中世纪晚期德国一位成功的商人和银行家，曾以金钱支持哈布斯堡家族的领土扩张，也向同时代的一些国王放高利贷，同时他还是一个大慈善家，有些历史学家稍嫌夸张地说他是史上最富有的人。韦伯在这里引用福格的话，无非想借以暗示读者福格身上拥有难能可贵的进取精神，这正是资本主义精神的一部分。

照富兰克林所说，其所强调的那些美德以及人间所有美德，必须得有对个人的实际用处，才能落到实处。不然，仅仅换个外表同样能达到目的。然而这实在是一种极端的功利主义推论。在许多德国人的印象中，美国人（诸如富兰克林）所宣称所奉行的那套美德纯属虚伪，现实生活中及历史都不难找到例证。可事情的实质并不是这样，至少不是这么简单。本杰明·富兰克林本人的品格就与这种推论不符，这一点有他在自传中流露出的非凡坦率可资佐证。同样不容忽略的是，富兰克林把他认识到的美德的功用性归因于上帝的启示，归因于旨在引导他走正路的神的启示。这就是说，他的格言中，虽不乏纯粹利己的动机，但必定还有更多的东西。

* * *

富兰克林的话耐人寻味，它在充满矛盾的同时达到了完美自洽。其所宣扬的至善伦理，简单来说就是尽可能地多挣钱，同时严格摒弃一切对金钱的自发享受。前者，无疑符合一些人所诟病的新教徒的拜金主义，而后者又完全没有幸福主义（更不必说享乐主义）的成分掺杂其中，是另一种形式上的“疏离此生”。

▶ 美钞上的富兰克林

这显然是非理性的：一个人竟然会被赚钱动机所左右，把获利作为人生的最终目的！赚钱不再被视为满足生活物质需求的手段，而成为幸福生活本身。这是对世人普遍认同的自然关系的颠倒，说它极其非理性也并不为过，但它却显然是资本主义的首要原则，尽管对许多没有受到资本主义精神影响的民族来说，这条原则闻所未闻、不可思议。

与此同时，它还展现了一种与某些宗教观念密切相关的情绪。富兰克林虽是一个泛神论者，但他那笃信加尔文教派的严父却早在其孩提时代便反复向他灌输着一条来自《圣经》的古训。如果你想问“人为什么要在人身上赚钱”这个问题，富兰克林在自传中如是回答——“你看见办事殷勤的人了吗？他必站在君王面前”（《圣经·箴言·第二十二章第二十九节》）。在近现代经济制度下，挣钱并且能够挣到钱，只要挣得合法，不仅无可厚非，而且是长于、精于某种天职（calling）的结果和表现。这一伦理，在上面的引文中，在富兰克林其他所有著作中，都不难看出。

事实上，这种我们今日如此熟悉，但在实际上又远非知其然且知其所以然的独特观念——一个人对“天职”负有责任——正是现代资本主义文化伦理中最具代表性的东西。在某种意义上说，它还是资本主义精神文化的根本基础。这一观念意味着，每个个体都应该对他们的“职业”活动内容进行体验、承当责任、履行义务。无论其“职业”有何特性，也无论参与其“职业”活动是仅限于动用个人能力，还是同时动用（作为资本的）物质财产，对这一观念来说均无关宏旨。

话虽如此，但并不是说这种观念只是现代资本主义土壤上生长出来的奇葩。恰恰相反，我们将在下面追根溯源，会在资本主义出现以前的某个时代寻觅到它的由来。自然，我们更不会说，恰恰是因为现代资本主义企业中的个人（无论是企业家还是劳动者，他们都是担纲者）有意识地接受了这些伦理格言，所以现代资本主义才能够进一步存在下去。相反，今天的资本主义经济对个人来说恰如广漠的宇宙，他对作为个体的人来说，是一种他必须生活于其中的不可更改的秩序。他只要涉足那一系列的市场关系，资本主义经济体系就会立即把他编织进资本主义的经纬脉络，迫使他服从于资本主义的游戏法则。倘若一个企业家长期“违反”这些法则，他就必然会被竞争对手和法律从经济舞台上赶下去，正如一个工人若不能或不愿适应这些法则也必然会流落街头成为失业者一样。

因此，现代资本主义左右人们经济生活的过程，事实上也是通过适者生存的根本游戏法则教育、选择它所需要的经济主体的过程。当然，把“选择”这一概念搬来解释历史，有其局限性。这种集各种独特性于一身的如此适应资本主义的生活态度最终能够被选择，并且能够左右其他生活态度，显然在开始时它就不可能是源自一些孤立的个体，而只能是起源于相对庞大的群体。这种生活方式的起源，正是下文需要解读的对象。

* * *

从朴素的历史唯物论的学术观点出发，我们可以说，上述观念的产生是经济状况的反映，或者说它是经济状况的上层建筑。我们会在后文中对此详加论述。此处，大家只需注意到一个事实就够了。这个事实就是，在本杰明·富兰克林的出生地美国马萨诸塞州[①]，本书所说的资本主义精神无疑在资本主义秩序展开以前就已经存在。早在1632年，就有人抱怨新英格兰[②]那种不同于美国其他地方的醉心于算计且锱铢必较的追求利润的行为。同样可以明显看到的是，在与新英格兰接壤的一些殖民地以及较后加入美利坚合众国的南方各州，资本主义的发展远不如新英格兰地区那么发达，尽管这些殖民地及州是由一些大资本家出于商业动机建立并推动的，而位于新英格兰的各殖民地块则是由于宗教方面的原因由传道士、神学院毕业生在一些小商人、

① 马萨诸塞州是美国的一个州，位于美国东北部，东濒大西洋，是新英格兰地区的一部分。在中文中，通常简称“麻省”，为美国独立时最初的13个州之一。1620年，搭乘“五月花”号轮船从欧洲来的第一批清教徒，登岸的普利茅斯港就属于麻省。

② 新英格兰也称“纽英仑”，是位于美国大陆东北角、濒临大西洋、毗邻加拿大的一个区域，包括美国的6个州：缅因州、佛蒙特州、新罕布什尔州、马萨诸塞州、罗得岛州、康涅狄格州。与“五月花”号上的乘客一样，新英格兰的早期定居者多是逃避宗教迫害的英国新教徒。

▶ 马萨诸塞州风光

工匠以及自耕农的助力下建立起来的。此处彰显的因果关系，正好与段首我们从唯物主义观点出发得出的因果关系相反。

但是，相关观念的起源——资本主义精神——的早期历史要比那些持“上层建筑”观点的理论家所设想的要复杂得多，并且资本主义的发展也不像一朵花的开放那么轻松自然。迄今为止的相关历史表明，我们反复论及的资本主义精神，只有在同敌对力量的搏斗拼杀中才变得突出。事实上，资本主义精神为了取得统治地位，必须同各种敌对力量进行搏斗。前面引用的富兰克林的话所表现的伦理观，固然会让整个民族为之喝彩，但在古代以及中世纪，则肯定会遭排斥，因为它会被认为是最卑劣的贪婪，是一种完全没有信仰、完全不应被认同的品质。而那些尚未卷入或尚未适应现代资本主义环境的社会族群，直到今天也依然对相关观念持排斥态度。然而事实并不像人们常常说的那样，即把资本主义精神等同于“获利本能”，并认为它在前资本主义时代并不那么为人所知或者不那么发达；它也不像那些浪漫主义作家所常常认为的那样，即把它归因于对黄金的渴望，对金钱的贪欲，并强调在资本主义势力圈以外，这种观念并不像其圈内那么强烈。其实我们很早就给出过论据，中国的清朝官员、古罗马贵族、现代农民，他们的贪欲一点儿也不亚于任何人。任何关注历史的人都可以看出，一个那不勒斯[①]的马车夫或船夫，以及他们亚洲国家的同行，还有南欧或亚洲国家的工匠，他们这些人对黄金的贪欲要比一个英国人在同样情况下来得强烈得多，也肆无忌惮得多。

以现代西方为标准，在许多国家，无论是资本主义的发展，还是资产阶级的发展，无疑都是非常落后的。但这些国家的人们非但并不因此在谋取私利方面稍有落后，反倒普遍显得肆无忌惮。这恰恰也是那些国家一直具有的突出且独特的典型特征。

正如所有雇主和企业家都知道的那样，这些国家（如意大利对比德国）的劳动者缺乏认真诚恳的自觉性（coscienziosita），这一点以前是，现在在某种程度上依然是这些国家的资本主义发展的主要障碍之一。现代资本主义容不下那些信奉无纪律的自由自在的信条的人，正如它不允许那些完全肆无忌惮的商人来开办公司一样。关于后一点，我们看了富兰克林的作品后就会明白。因此，资本主义精神和前资本主义精神之间的区别，并不在“逐利的本能”的强度上。欲望，不是决定性因素。

人类对黄金的贪欲，就像人类历史一样古老。有一些人，毫无保留地臣服于黄金，并使之成为一种本能。最好的例子就是那位众所周知的荷兰

① 韦伯此处所指的那不勒斯是指历史上的那不勒斯王国，它是一个由中世纪一直延续到1860年的位于意大利半岛南部的国家，在政治上常与西西里联合。

船长①，他“要穿过地狱去逐利，哪怕地狱之火烤焦了船帆也在所不惜”。但是，我们可以看到，这种人并不是产生出作为一种普遍现象的现代资本主义精神的那种大众观念的代表，了解这一点是十分重要的。在历史上任何一个时期，只要有可能，就必然会有将任何伦理道德踩于脚下、全身心皆为黄金迷醉的残酷的获利行为。在跨部落的和同彼此基本不相识的陌生人的交往中，贸易也曾像战争及海上掠夺一样无法无天地展开。这些时候通常盛行双重标准：有些行为在“兄弟之间”被视为禁忌，但对“外人”则是被允许的，至少是默许的。

▶ 人类欲望的主宰——黄金

不仅是用于储备和投资的特殊通货，同时又是首饰业、电子业、现代通信、航天航空业等部门的重要材料。

作为一种商业“冒险”，资本主义性质的获利，在所有那些已知的使用货币进行贸易、求取营利的经济形态中，都已经被发现。它曾经存在于克门达、租税承包、国家借贷、战争资助、公爵朝廷及官吏为这种获利提供机会的各类经济社会中。与之并存的是无处不在的具有相同思想框架的个人。他们共同的内心态度是，嘲弄一切对获利行为构成限制的伦理。值得注意的

① 荷兰小说《班德固航海日志》中的一个人物形象。该书也是荷兰最著名的航海日志，出现在成为荷兰“黄金时代”的17世纪初期。小说主人公班德固即为此时期的一位航海家，他远渡大西洋，取道非洲，到达东南亚，以期获得东南亚的香料与白银。该日志除了记载旅行沿途的奇风异俗，更将笔墨着重于一位船长的坚定信念与梦想，描写了一个人如何在绝望中维持自我尊严。

是，为了最终的获利，绝对和故意的冷酷无情的态度，常常坚定地与严格遵守古老传统最为紧密地联系在一起。而且，随着传统的崩溃和自由经济体或多或少的规模化扩张（甚至已经扩张到社会群体的核心），这一观念在伦理上也没有被普遍认可，更谈不上鼓励，只是作为一个事实被容忍，它被视作伦理上无足轻重的或者被当作讨厌的但又无法避免的东西来对待。

这是伦理说教的标准态度，而且更重要的是，它一直是前资本主义时期普通人在相关活动中所表现出来的标准态度。此处所谓的“前资本主义时期”，是指在企业家理性地使用资本并按照资本主义方式系统地组织劳动尚未成为社会经济活动主导力量之前的时期。而当时的人们在接受并适应这样一种有秩序的资本主义经济形式时，他们所面对的最顽固的心理障碍，恰恰正是这种态度。

在伦理主导下的人类社会，资本主义精神不得不与一个特定的对手进行斗争，这个对手就是那种可以统称为“传统主义”的对待新情况的态度和反应。然而，每一种试图对其（资本主义精神）给出最后定义的尝试都必须暂且放下。下面，我们将试图通过援引几个具体的例子来清晰地说明这一点。劳动者，特别是工人，首先引起了我们的注意。

* * *

近现代的雇主们，为从受其雇佣的工人身上获取最大限度的生产率，也为了压榨出最大可能的劳动量，普遍会使用计件付酬制（piece-rate）这一技术手段——工人根据劳动成果获取相应的浮动报酬。譬如，在农业生产中，收获谷物等农作物时需要非常高的劳动强度，这是因为天气无常，是收获高额利润还是遭受重大损失，其间的差异取决于收获的速度。因此，在收获季节，计件付酬制被普遍采用。并且，由于雇主对加快收割速度的兴趣随着劳动结果和劳动强度的增长而增长，雇主会一次又一次地作出进一步的尝试，一再提高劳动者的计件底价，以促使工人们为获得高收益自行提高自己的生产率。在这样做的时候，至少雇主本人相信，他们给工人们提供了一个值得珍惜的在短时间内赚到足够多的钱的良机。

然而，事情的结果出乎意料，一个奇特的现象随之产生并且频率很高。那就是提高计件底价常常招致这样的后果：工人在同一时间内完成的工作不是多了，而是少了。因为工人们对计件底价的提高的反应恰恰与雇主所想相反，即不是增加而是减少他们的工作量。比如，某个人之前按每英亩 1 马克[①]的价钱一天可收割 2.5 英亩土地的作物，从而挣得 2.5 马克。现在，工价提高到了每收割 1 英亩作物可得 1.25 马克。本来按照雇主的考虑，他为了多赚些钱，可以在并不是太累的情况下收割完 3 英亩土地的作物，从而挣得 3.75 马克。可他并不这么做。他只收割了 2 英亩土地的作物，这样他仍然可以挣得他已经习惯得到的 2.5 马克。而且他这样做是有根据的，《圣经》上说得好，“对他就足够了”（allows enough for him）。他这样想并不是不可以，只是雇主希望通过提高工价来促进他的生产效率的希望也随之落空了。

对这个劳动者来说，“挣得多”远不如“干得少”来得诱人。他并不问：如果我尽力去工作，那么我一天能挣多少钱？他会自然而然地问自己：我要做多少活儿，才能挣到以前惯常挣到的 2.5 马克来满足我的传统生活需求呢？这就是经济范畴的传统主义的一个好例子。

人们并非“天生”希望多挣钱，人们在潜意识里希望过自己已经习惯的生活，挣得过好已经习惯的生活所必须挣到的钱。无论在哪里，只要现代资本主义践行者想通过提高劳动强度提高劳动者的生产率，它就必然会遭到固守前资本主义时期经济观念的人们极其顽固的抑制。当然，反过来看，它越

---

① 英亩为英国及在其殖民地流通的面积单位，1英亩约等于4046.8平方米。马克为德国货币单位，历史上，其价值随德国国力及经济状况浮动而浮动。

是遭遇这种抵制，它所处的经济体就越是落后——从资本主义观点看。

让我们回到这个例子本身。既然雇主试图通过提高计件工资来刺激获利本能的方法不能奏效，那么，另一种显而易见的可能性就是尝试截然相反的对策，即减少劳动者的计件工资，迫使他们付出更多的劳动以挣得先前可以挣得的工资。那往往也是他们维系传统经济生活所必须挣得的收入。其实，低工资与高利润，到今天在那些浅薄的观察者眼里仍然是相互关联的。资本主义从它诞生那天起，就一再地采取着减少工资的方法。在以往，人们相信，低工资就是多生产。换句话说，人们相信，低工资能促进劳动者的生产率。正如彼得·德·拉·考特（Pieter de la Cour）[①]很早之前所声称的那样——我们可以看到，他的说法很合乎由来已久的“加尔文主义”精神——仅仅是因为贫穷，并且只有人们还很贫穷，他们才会劳动。这种观点曾经被人们奉为信条长达几个世纪之久。

▶ 《害羞的农民》

但这种方法即便非常有效，也是表面上的有效，其效能实际上也往往有其限度。资本主义为了生存发展，确实可以在劳动力市场上以低价雇佣剩余人口，这也确实是资本主义赖以发展的一个必要条件。然而，剩余人口这

① 彼得·德·拉·考特生于1618年，死于1685年，是荷兰纺织品生产商，完全自由贸易与竞争的强烈鼓吹者。

支庞大的后备军在扩大了资本主义的量的同时，也阻滞了资本主义的质的发展，尤其是阻滞了相应企业向需要更密集的劳动组织形式的企业类型的过渡。

低工资绝不等同于廉价劳动。即使从最纯粹的量的角度看，劳动效率与低工资之间的关联有个底线，它会随着工资不能满足其生理需要而下降。长期维持这样的低薪，则会明显导致“最不适者生存”。今天，一个普通的西里西亚[①]农夫，即使他尽心竭力，也只能收割一个报酬较高、营养较好的波美拉尼亚或梅克伦堡[②]农夫所收割的土地面积的 2 / 3 多一点；相应地，一个波兰人，他的家乡越是往东，越是离德国远，他的单位效能也就较之于一个德国人越低。

▶ 代工厂流水线上的工人

即便是从纯商业的角度来看，如果雇主或企业生产的产品需要熟练工种，或者需要使用昂贵且易于损坏的机器，或者浅白地说，需要高度的专注和创新精神，那么，选择低工资就相当于选择失败。在这种情况下，低工资非但不能奏效，反倒适得其反，导致与初衷相反的结果。因为在这里，高度的责任心必不可少。而且，一般地讲，还必须有一种思想观念来替代那种劳动者惯有的算计，至少在工作日是这样。劳动时间内

① 西里西亚是中欧的一个历史地域名称。目前，该地域绝大部分属于波兰，小部分属于捷克和德国。

② 波美拉尼亚和梅克伦堡在韦伯生活的时代均为德国领土，但今天，波美拉尼亚已为德国和波兰共有。

容不得半点分心，资本主义精神容不得将精力分配给那些频频计算自己如何才能最省事、最省力地挣得已经习惯的工资的人。相反，在这里劳动必须被当作一种绝对的自在目的，要被当作天职来从事。这样的态度显然不是天然的产物。它不可能单凭低工资或高工资刺激起来，它只能是长年累月、耐心教育的结果。

今天，已经占据主导地位的现代资本主义，在各工业国家中都可以相对容易地招募到工人。而在过去，招募工人在任何一个国家都困难重重。即使在今天，如果没有一支强大的同盟军的支撑，资本主义或许也不能前进半步，更不要说达到那些高远的目标。下面我们将会看到，在资本主义发展过程中，这支同盟军是如何伴其左右并给予其支持的。

* * *

最好的说明方式还是举个具体的实例。今天，人们常常以女工特别是未婚女工为例，来说明那种落后的、传统的劳动方式及观念。雇佣女工特别是雇佣德国未婚女工的雇主，几乎都在抱怨，说她们几乎都不能也不愿放弃那些得自遗传的或已经学会的工作方式，以采用更为有效的方法；说她们不能也不愿适应新的工作方式，不能也不愿学习，不能也不愿集中心智，甚至也不能运用她们的心智。如果向她们解释这样做会让工作简单有效，还会给她们带来很多好处，一般来说也不会得到理解。提高计件价格的方法在习惯的石墙面前也会碰壁，无法奏效。

▶ 《洗衣女工》，马克西米卢斯作品

一般地讲，这种情况只有在那些来自特殊宗教背景，即来自有着虔信派背景的女工身上，才会有所不同。人们时常听说，调查统计也证实了人们所说，这些女工是进行社会化教育以适应工厂化生产节奏的最受青睐的人选。她们往往受过最好的教育，且有着超乎寻常的集中精神的能力，以及绝对重要的忠于职守的责任感——任何一个雇主梦寐以求的“奉献”精神。这些品质与一种有组织的经济活动方式结合在一起，就为对资本主义来说必不可少的那种以劳动为自身目的和视劳动为“天职”的观念提供了最有力的基础，从而将生产效率提升到异乎寻常的程度。这说明，在宗教教育的背景下最有可能战胜传统主义。而且这一观察结果本身还意味着我们应该追问一句：对资本主义的适应性与宗教信仰在资本主义早期发展的日子里是怎样结合起来的？毕竟，我们可以从无数案例中推导出，宗教因素甚至在很早以前就以与现在大致相同的形式存在着。例如，18 世纪的卫斯理派（Methodisi）[①]工人在他们的工人同伴那里遭遇到憎恶和迫害，工具频繁遭到破坏，所有这些绝不能只被解释为，甚至也不能大体解释为源自他们略显异端的宗教怪癖。英国就有过诸多此类怪癖，而且尚有更

▶ 约翰 · 卫斯理

① 卫斯理派就是下文中将会重点介绍的“循道宗”。它是遵奉英国18世纪神学家约翰 · 卫斯理的宗教思想的各教会团体的统称，为基督教新教七大宗派之一，主张认真研读圣经，严格宗教生活，遵循道德规范。

怪的怪癖。所以真正的症结在于，卫斯理派工人太热爱工作、太喜欢劳动，而这对其他人造成了某种压力。

然而，还是让我们返回现代，返回到企业家身上，以便进一步阐明经济领域的传统主义在企业家身上意味着什么。

* * *

索姆巴特（Sombart）[①] 在讨论资本主义的起源时，曾经把“满足需求”和“获取利润”作为经济史据以展开的两大主要原则区别开来。在前一种情况下，影响经济发展趋向的始终是获得满足个人生活所必需的商品；而在后一种情况下，则是努力获取不受需要限制的利润。初看上去，索姆巴特所称的“需求型经济”，似乎和本书所称的“经济传统主义”是同一种东西。如果把“需求”的概念等同于“传统需求”，那么情况确实如此。然而，如果“需求”的概念并不等同于“传统需求”，那么，一些必须被视为“资本主义的”企业就会被排除在获利型经济的范畴之外，而要被归入需求型经济范畴之内。例如，那些由私人企业家经营，利用资本（货币或具有货币价值的商品）以营利，购买生产资料和出售产品的企业，必然是资本主义性质的企业，但它们无疑也具有经济传统主义的特征。这种情况，在近代经济史进程中不仅仅是个别偶然的例外，相反，它是一种规律，尽管它被资本主义精神一再且日益有力地打断与入侵。这一过程，也是资本主义精神不断注入活力，最终变得强大的过程。

一般来说，企业的资本主义形式和内在精神多会自动调试为某种相互适应的关系，但它们并非总是处于一种必要的“法则性的”相互信赖关系。尽管如此，我们仍不妨使用“近代资本主义精神”这一术语，来描述那种理性

---

① 索姆巴特是德国社会学家、经济学家，曾任柏林大学教授，与韦伯志同道合且深受其影响。主要著作有《19世纪的社会主义和社会运动》《现代资本主义》《犹太人与经济生活》《资本主义》和《新社会哲学》等。

的、系统的、特定的思想观念，就像我们在前面引用本杰明·富兰克林的例子时所说的那样。这样做还有两个原因：一方面，上述观念在资本主义企业中找到了它最合适的舞台；另一方面，企业又从资本主义精神中汲取到了最适合它的驱动力。

当然，两者也可以分别发生。本杰明·富兰克林就是最好的例子：他浑身上下都渗透着资本主义精神，但在当时，这个印刷大亨的印刷厂在形式上与任何一个手工作坊都没有差别。观察历史，我们还会发现，在近现代交接之际，商业贵族中的资本主义企业家绝不仅仅是、也不主要是资本主义精神的体现与践行者。真正体现资本主义精神的人，是那些处于上升时期的工业中产阶级。甚至到了19世纪，资本主义精神的典型体现者也不是利物浦和汉堡[①]的那些风度翩翩的绅士（他们的财产是世袭而来的），而是曼彻斯特和威斯特伐利亚[②]的那些从普通环境中成长起来的、靠个人奋斗发财致富的暴发户。类似的情形可以追溯至16世纪，当时的新兴工业创始人多是暴发户。

银行、外贸型企业、大型零售店以及出售家庭手工制造品的大型公司等，对这些现代企业来说，资本主义企业形式无疑是最合适的方式。尽管如此，它们也完全可以选择按照传统主义的精神来经营。但是，人们不可能按照其他方式来经营大型发钞银行[③]。长达几个世纪的对外贸易，一直立足于传统主义的垄断权和法律特权之上。在零售商业（我们这里所说的不是那些没

① 利物浦是英国城市，汉堡是德国城市，二者的相同点是历史悠久与工商业发达。

② 曼彻斯特目前是英国第二大城市，但在韦伯的时代特别是更早些时候，那里代表着贫困。威斯特伐利亚是德国历史地名，在韦伯的时代，除部分区域受惠于工业发展相当繁荣外，全州整体表现平平。

③ 韦伯此处指的大型发钞银行，不是我们概念中的央行，而是特指一些能够发行它们自己的货币的银行。

▶ 欧洲资本主义萌芽时期的印刷工厂

有什么资本，整天向政府哭着喊着要救济的小商人）中，那场正在结果传统主义性命的革命仍在高歌猛进。将旧有的放贷体制摧毁的，是同一场革命。这些，我们已是司空见惯，但为了讲清这场革命的发生及其意义，仍需要看一个具体实例。

直到 19 世纪中叶，居间商的生活还是十分舒服的，放到今天他们依然是优裕的，至少在纺织工业中表现得是这样。我们可以想象一下他们的日常事务：农民带着他们生产的布料从乡间来到城镇，进入居间商设在家中的办公室。这些布料常常全部或主要（如亚麻织物）由农民自产的原料制成。居间商经过仔细鉴定，按常规价格把布料收下。然后坐等他们的主顾——中间人——因为市场可能在很远的地方。通常情况下，中间人以及站在他们身后的主顾寻求的是传统的质量而不是具体的样式，他们要么从居间商的仓库中提货，要么早在很久之前就得向居间商发出订单。订单会由居间商分配给农民，制作相应的布料。

这样的话，相互之间的联系只需书信往来就可以了，专门拜访客户的情况很少发生，即便有也间隔很长。后来，送样品的做法才慢慢时兴起来。居间商的营业时间相对今天来说很短，每天 5—6 个小时，随季节变化稍有浮动。旺季时工作时间要长一些，淡季时工作时间会更短。他们挣钱不是很多，但足以维持相对体面的生活。年景好的时候还能存上一笔小钱。竞争者之间的关系也称得上和谐，他们相互之间对于基本的商业原则有着强烈的共识。有时间他们就在酒馆里消磨时光，经常是一帮朋友边畅饮，边畅谈，这样的生活舒适而悠闲。

无论怎么看，这都是“资本主义”的组织形式。诸如企业家在从事着纯粹的商业；资本被反复运作、循环流动；过程中必有理性的簿记。但是，审视一下当时的企业家的精神，我们会发现他们仍是传统主义的精神指引下的企业家与企业。他们在生活、利率、工作量、经营方式、劳资关系等多方面的取向，都是传统的。此外还包括经久不变的主顾圈以及一成不变的市场拓展手法。可以说，所有这一切，都是一种属于这一商人群体的精神气质在发挥作用。

突然有一天，这种舒服悠闲的生活被打断了。相关变化通常会在组织形式发生实质改变之前就已发生，而且往往是变家庭工场为现代工厂、变手工

▶ 纺织中的欧洲妇女

织布为机器织布一类的巨变。把相关具体事实展开来说，就是某个出身于居间商家庭的年轻人离开城镇，来到乡下，出于他既定的目的，不再挑选农民的布料，而是直接挑选适合做织工的农民，然后不断地加强织工对他的信赖和他对织工的监督管理。在这一过程中，这个年轻人把农民变成了工人。

与此同时，这个年轻人还尽最大努力直接深入最终消费者当中，不断反思、不断调整、不断迎合，以此来扩大市场份额。他把销售抓在手中，对一切细节了如指掌。他还定期走访顾客，征求他们的意见。最重要的是，他还调整产品的质量，直接投合他们的需求。同时他还考虑启动“薄利多销”的机制。这种理性化过程的结果是，那些不愿这样做的人只得关门歇业。在这类年轻人的竞争压力下，那种田园牧歌式的经营分崩离析。大量财富积聚了起来，这些财富并没有用作放贷以赚取利息，而总是被重新用于商业投资。从前那种致力于闲适自在的生活态度让位于一种节俭与节制，一些人通过节俭继而参与商业活动实现发家致富，站在了社会头排。而那些不能适应新的商业环境的人，也被迫学着少花些钱。

在此至关重要的是，这场革命并不由于其他原因，如资金大量流入市场可用于投资工业，开启这场革命的，恰恰是几笔从亲朋好友那里得到的一些小额贷款，其实质则是资本主义精神在发挥作用。也就是说，近代资本主义扩张的动力首先并不是资本来源的问题，而是资本主义精神发展的问题。不管在什么地方，只要这一精神出现并变得活跃，它就能创造出自己的资本和相应的货币供给，不断为现代资本主义发展添加燃料。这是唯一的事实。

* * *

但资本主义精神的出场并非一帆风顺，更不会促进和平与安宁。各种怀疑、仇恨甚至道德义愤的洪流曾滔滔不绝地涌向那些先行者。人们还热衷于——这类事情我略知一二——捏造一些关于资本主义精神的早期提倡与践行者的生活隐私和丑闻，并不遗余力地加以传播。毫无疑问，只有那些拥有超乎寻常的坚韧性格的新型企业家，才能顶住流言蜚语与各种算计和攻击，才不至于丧失适度的自我控制，才能免于经济和道德上的大祸临头。同时，他们还必须具备确定不移且有相当高度的伦理品质，以便在风口浪尖中赢得顾客和工人必不可少的信任。除这种品质——资本主义精神——之外，再没有其他东西能够给予他克服重重障碍的力量，也没有任何其他东西能让他承担起作为近代企业家必须承担的无比繁重的工作。这一品质与那些已经习惯了传统主义经济生活（相当舒适地享受生活）的伦理品质相比，不啻天渊。

落实到具体生活中，是谁推动了这一变化呢？他们通常不是那些胆大妄为、肆无忌惮的投机商，也不是人类经济发展史上各个时期内都大量存在的冒险家，更不是那些衣冠楚楚的大金融家。这个群体与大家的想象恰恰相反，他们是些在艰难困苦中成长起来的人，既精打细算，又敢想敢为，同时冷静、坚定地全身心投身于他们的事业，并且固守着严格的资产阶级观点和原则。尽管这个群体及其表现在最初的时候并不引人注目，但却对新的精神——资本主义精神——渗透到经济生活当中发挥了决定性作用。

人们常常倾向于认为，这些个人的道德品质与各种伦理准则完全没有关系，更不要说与宗教伦理有何瓜葛了；它们之间倒是存在关系，但却是否定性的。人们愿意相信，这类商人之所以能取得成功，似乎是因为他们具有一种摆脱传统束缚的能力，这种能力源自一种被命名为“自由”的启蒙精神。在今天，普通人都是这么认为的，至少在德国是这样。当今德国，那些浑身上下一派资本主义精神的人都会倾向于采取一种漠不相关的态度，假使他不采取敌视态度的话。教义中种种美好对他们几乎没有什么吸引力。对天国该有的虔诚被转移为对人间事业的狂热。宗教对他们来说如同一种妄图使人不务正业的引诱手段。如果你问他们，进行永无休止的追逐，做这些让自己食不甘味、夜不安枕的经济活动，究竟意义何在？为什么对自己拥有的一切永不感到满足？他们也许会回答——你多半听过这个答案——为了子孙后代。然而这种动机并非这一人群所独有，传统主义者（特别是那些持经济传统主义观念并践行的人）都有同样的动机。很多时候，他们还会提供更加简单同时也更准确的答案：稳定的工作，成功的事业，对生活来说必不可少。这确实是个不错的回答。但是，从个人幸福的角度看，它是如此的不理性：他是为了他的事业而活，而不是为生活而经营事业。

显然，将财富追求到手就能同时追求到权力和声誉的观念与事实也刺激了人们的欲望。当整个民族的想象力都被引导至数额巨大的钞票或实业上时，这种财富观念上的浪漫痴想便对那些具有诗人气质的商人们产生了舍我其谁的吸引力，在美国就是如此。但是那些真正意义上的领导人却不在其列，那些成功的企业家也不太在意这种观念。更多的人依然对世袭封号和封地保持热望。他们将自己的儿子送进大学或官场，以阻断所有关于他们的社会出身的印迹。如你所知，这是颓废的肚腹，也是颓废的产物，联结着德国资本主义暴发户的典型历史。

理想的资本主义企业家形象，正如在德国曾经出现过的一些代表人物所证明的，与这种或粗俗或文雅的、想尽一切办法往上爬的人无关。相反，他们羞于炫耀，杜绝不必要的花销，从不自吹自擂，更不对自己的权力沾沾自喜。他们常常为自己的社会声誉所附带的那些外在标记而窘迫。换言之，他们的生活带着某种程度上的禁欲倾向，正如我们在前面所引用的富兰克林的训诫中所展现的。这一点非常重要，我们将来还会考察其历史意义。在以富兰克林为代表的这些人身上，很轻易就能找到一种远比“自我克制”更为诚实也更为超然的谦逊。这种谦逊并不是装出来的，而是习惯式的常态。他们的事业与财富除了为自己提供了某种自我价值实现后的非理性的幸福感觉外，并没有太多实际功用。这在固守着前资本主义时期观念的人们看来，是那么的不可思议、神秘莫测、猥贱下流、可憎可鄙。对传统主义者来说，如果一个人毕生工作的唯一目的就是背负着大量钱财钻进坟墓，这是多么变态的、可怕的拜金欲。

＊ ＊ ＊

行文至此，我们可以说，富兰克林式的资本主义精神，只有作为纯粹适应我们的政治、法律和经济制度，以及我们的经济所独有的商业形式和结构的产物，才能被理解。正如上面的论证所揭示的那样，资本主义制度迫切需要人们投身于赚钱事业并把它当成“天职”。这种对待物质财富的态度不仅与资本主义制度完美贴合，也与资本主义制度在早期谋求生存且最终奠定胜局的过程紧密相关。时下，已经不存在把获取财富的行为与任何单一世界观（Weltanschauung）进行人为内在联系的问题了。因为资本主义制度早已不再需要求助于任何宗教力量的支持。我们固然会看到，时至今日宗教仍在企业中对人们的经济生活施加影响，然而它的干预已被视为不正当的，它的力量也是微不足道的。将宗教作为与国家层面的规章制度相提并论的时代，早已成为历史。无论国家层面还是个体层面，都已普遍接受、认同了资本主义经济秩序与相关伦理精神。毕竟，谁要是不能使自己的生活方式适应资本主义秩序，就算能够幸免于破产，但也绝对不会发家。

然而，所有这些都是近现代资本主义在成功摆脱了旧有经济秩序的束缚和围攻，并且已经确立了经济主导地位之后所表现出来的现象。同时我们必须注意到，资本主义秩序能够摧毁自中世纪以降的经济生活准则中的那些陈旧腐朽的形式，是因为它与近代国家日益强大的力量联合起来的结果。进一步，我们希望在此论证出：资本主义与宗教力量的关系大抵也是如此，即资本主义与宗教信仰的联合会摧毁延续了几个世纪的经济传统主义。我们的任务就是考察“到底是不是这样”以及“在多大程度上、什么意义上是这样”。

资本主义把赚钱当作人人必须追求的目的，并将其定义为“天职”，这无疑与过去所有时代的伦理观念背道而驰。这一点无须证明。“商人很难令上帝满意”的教义早在中世纪就被视为真理，并与教规合而为一、行诸于世，往往直接粗暴地加诸于商人头上。

代表人物如圣托马斯[①]，他曾将逐利行为斥为道德上的堕落，视追求财富的欲望为卑鄙无耻，那种不可避免地在伦理上属于完全正当的获利也难逃其口诛笔伐，而他的观点在当时竟被视为真理。不过，托马斯与其主导的教会所持的这一观点与社会多数所持的那些更加激烈地反对财富的观点相比较，依然显得温和，二者实质上还近乎针锋相对。也就是说，托马斯所代表的教义已经是天主教教义对财富势力的相当程度的妥协。在意大利的一些城市，这种妥协使得教会与不少财富势力建立起了密切的政治关系。但是，即使是在天主教教义妥协更多的城市，人们那种视财富如洪水猛兽的伦理感情也从未被彻底征服。佛罗伦萨的安东尼[②]就是个中代表。在安东尼们看来，那种为获利而获利的活动归根结底是可耻的行为，这种行为之所以被容忍，仅仅是因为人在现实生活中毕竟离不开财富。

当时的一些先进思想家，尤其是一些伦理道德派思想家，他们能够把发展至当时的资本主义商业模式当作不可避免的东西加以接受，并且力图证明它的正当合法性，特别是商业。虽然他们并非百分之百地认同资本主义经济模式，但他们能够把出自贸易勤奋的利润看作商人的合法来源，因此能够给这种勤奋以道德认同。但是，天主教教会毕竟还占据着统治地位，其教义仍把资本主义的逐利性一概斥为卑鄙无耻，或者至少拒绝从伦理上给这种精神

① 圣托马斯是中世纪最重要的神学家和哲学家，有“神学界之王”之称。他把理性引进神学，用“自然法则”来论证“君权神圣”说，是自然神学最早的提倡者之一，也是托马斯哲学学派的创立者与集大成者。

② 安东尼生于1389年，卒于1459年，是天主教托钵修会主要派别之一——多明我会（布道兄弟会）的修士与主教。

以积极评价。

▶ 圣托马斯·阿奎那

中世纪经院哲学的哲学家和神学家，死后被封为天使博士（天使圣师）或全能博士。他是自然神学最早的提倡者之一，也是托马斯哲学学派的创立者。

像本杰明·富兰克林式的伦理态度，在当时简直无法想象。这不仅仅是教会主导下的社会的普遍看法，也是资本主义集团自身的态度。在他们的观念尚未脱离教会束缚的前提下，他们会认定自己不论在商业上多成功，充其量不过是某种在道德上毫无建树还处在被容忍阶段的东西。由于他们的逐利行为与教会有关禁止高利贷方面的教义始终存在着相互冲突的风险，因而无论是教会还是他们自己，都认为其灵魂的最终获救存在风险。为此，正如很多资料所表明的，很多富人往往在临终之际将巨额钱财捐给教会，以此救赎自己道德上的愧疚。有时候，这些钱会流回他们以前的债务人手中，那些当初用尽心思才巧取豪夺来的利润就这样以不可思议的方式物归原主。

只有真正的商业贵族，即那些内心已经真正摆脱了宗教束缚的商业人士，境况才有所不同。然而，即使是怀疑论者以及从不去教堂的人，也普遍相信捐献大量钱财给教会是正当的，这样他们就能应付生前及身后的种种不确定性。具体到宗教信仰方面，这相当于为自己买了一份保险。尽管他们不信，但买份保险是必要的。如果真能得救，他们要确保得救。此处，他们行为中那种与道德无关或不道德的性质显而易见。

* * *

那么，上述至多只在伦理上被容忍的活动，是如何最终演变成为本杰明·富兰克林式的“天职”的呢？需要从历史角度加以解释的是：在佛罗伦萨①，这个14世纪和15世纪最富资本主义特征的中心，这个所有强大的政治势力角逐的货币与资本市场，这种态度居然被认为在伦理上极不正当，或者至多只能得到容忍；但是在18世纪的宾夕法尼亚②的偏僻狭小的资产阶级环境中，商业差点因缺乏货币退回到原始的以物易物的状态，那里也几乎没有大企业的迹象，只能看到一些银行业的雏形，同样的态度在那种情况下却被视为合法正当，甚至被当作责任加以推行。个中原因何在？

在这里，讨论观念的“上层建筑”对物质状况的反映毫无意义。问题的关键在于：是哪些观念，导致人们把那些纯粹逐利性的活动最终归类于“天职”范畴，并使这一“天职”成为每一个个体的义务？正是这组观念，为资本主义企业家提供了伦理基础和正当理由。

许多学者，特别是索姆巴特，在他们的著述中，经济理性主义③往往被描述为现代经济的显著特征。如果他们的出发点是指劳动生产力的扩大，那么毫无疑问是完全正确的。这种扩大具体是指经济理性主义者通过采用科学技术来指导生产过程，从而使相关收益摆脱了以往的严格受制于人类的身体局限，从而导致生产率的增加。一般而言，技术和经济领域这一共同的理性

---

① 今天的佛罗伦萨是意大利中部的一个城市，历史上曾经是欧洲最著名的艺术中心，也是欧洲文艺复兴运动的发祥地，这里走出了无数文化名人，也走出了不少宗教权威。

② 宾夕法尼亚州是美国东部的一个州，为立国13州之一。该州自建立之初就以宗教自由和政治民主著称，在北美有很大影响力。

③ 经济理性主义主要表现在三个方面：其一，“经济人”的假设泛化。其二，建立高度抽象的经济模型传统。其三，关注数据方法在经济学中的应用。学界主流观点认为经济理性主义的核心在于对利益最大化的追求。

▶ 佛罗伦萨圣母百花大教堂

化进程，构成了近代资产阶级社会的“生活理想”的重要组成部分。合乎理性地组织劳动，为人类提供更多物质产品，毫无疑问会成为那些身为资本主义代表人物的商业人士为之奋斗的最重要的人生目标。你只要读一下富兰克林关于自己努力谋求费城[①]的城市繁荣的那些记述，就能十分清楚地理解这点。当一个人在追求财富的过程中，同时也为数以万计的人提供了工作，并在人口增长和贸易（资本主义与贸易紧密相关）规模方面为自己家乡的发展发挥了巨大作用时，他会自然而然地感到喜悦与自豪。他从中得到的那种心理愉悦，明显属于现代商业体制才能提供给他的独特的且是源于“理想主义”驱动带来的满足。

据此，我们至少可以从个人主义的资本主义经济的角度为它下一个定义：这种经济以严格的核算为基础，以系统而冷静的方式，辅以长远眼光和小心谨慎，来追求它想达到的经济成功。这与农民追求勉强糊口的生存状

① 费城是美国第六大城，宾夕法尼亚州最大城市，工业发达，被称为“美国的鲁尔”。历史上，它还曾经是美国的首都和通过《独立宣言》的地方，是美国最具历史意义的城市。

况截然相反，与依赖老主顾来维持市场优势的行会师傅以及冒险家式的资本主义也是截然相反的，因为它们不是经济传统主义本身就是经济传统主义的变体，而经济传统主义总是趋向于利用政治投机和非理性的投机活动来追求成功。

进一步，我们完全可以将资本主义精神的发展理解为更为宽泛的、包罗万象的整体意义上的理性主义发展的组成部分，这可以从理性主义对生活基本问题的根本立场方面推导出来。本来，新教只能在这样一个范围内加以考虑，即新教只能被作为纯粹理性主义生活观的"先驱"。可是，当我们试图用这一方式来系统阐释资本主义精神发展的问题时，那么，很显然，这种思考不足以解决问题。因为理性主义的历史一波三折，资本主义精神在各社会生活领域的发展进程同样复杂混乱且参差不齐。

举例说明，假如我们将私法的理性化看作对法律内容的逻辑简化和重新安排，那么这种理性化在古代晚期的罗马法中已经达到了迄今为止的最高形式。但在相关历史上，它在一些经济理性化已达相当程度的国家中表现得非常滞后。在英格兰，这种情况尤为明显，现代资本主义在这个国家方兴未艾、开疆拓土之际，庞大的律师行会的势力阻止了罗马法的复兴。与之相反，在南欧[①]的天主教国家中，理性化的罗马法始终保持着主宰地位。而与英格兰相比，南欧的现代资本主义根本不具备可比性。

我们再来看两个例子。首先，18世纪的纯粹理性化的哲学（启蒙运动）并不仅仅基于，甚至也不主要基于那些资本主义高度发展的国家的支持或拥

---

① 南欧包括伊比利亚半岛、亚平宁半岛及巴尔干半岛南部，共17个国家，也称地中海欧洲，因为大多数南欧国家都靠近地中海。南欧的历史贡献是沟通了东西方文化，同时孕育了古希腊、古罗马文化，确立了早期基督教社会。

护。甚至直至今天，伏尔泰[①]的理论仍然是、也尤其是那些罗马天主教国家中广大下层人民与中产阶级的共同遗产。其次，如果人们将“实践理性主义”理解为那种所谓的有意识地从个人的世俗利益方面来认识和评判世界的态度，那么，这种生活观无论过去还是现在都只为那些自由散漫的民族所独有，意大利人和法国人就是地地道道的这样一类人。但是我们确信，这绝不是人们与他们的作为一种使命的职业的关系（这是现代资本主义必需的）得以充分孕育的土壤。

事实上，人们可以从很多根本不同的基本观点出发，并在完全不同的方向上使生活“理性化”。这一简单论点常常被人们所遗忘，现在我们应该把它放在每一篇试图探讨理性主义的论文的开头。综合前面所讲，理性主义是一个历史的概念，它是一个由各式各样东西构成的完整世界。现在，我们的任务就是研究“理性的思想与生活”这一特殊事物到底是由谁的精神后代发育而来。因为我们反复讨论的“天职”的概念，以及如影随形的献身于劳动的观念，都从中生发而来。如前所述，“天职”的概念与相关观念从个人的纯粹幸福论的角度看完全是非理性的，但它一直是并且至今依然是构建我们资本主义文化的最具特征的元素。这就引出了我们最感兴趣的问题：存在于“天职”观念之中，以及存在于每一种关于“天职”的观念之中的非理性因素的起源问题。

---

① 伏尔泰是法国启蒙思想家、文学家、哲学家、史学家，被誉为“法兰西思想之王”和“欧洲的良心”，狄德罗、卢梭、布封等人，无一不是他的后辈，其代表作有《哲学通信》《形而上学论》《路易十四时代》和《老实人》。

第三章
路德的“职业”概念

德文中 Beruf（职业、天职）一词，或更确切地说是英文中 calling（职业、召唤）一词，至少含有一个宗教的概念：上帝布置的任务——这不会遭人误解，在现实生活中，越是强调这个词，这一概念就越明确。如果我们要探查这个词的语言来源，在古代民族[①]或信奉天主教的诸民族的语言中，都无法找寻到概念与我们所知的“职业”（从终生的任务，明确的工作领域这层含义上说）类似的词汇，而在信奉新教的诸民族中，这个词至今仍被沿用。我们从中还可以看出，其并非源自有关语言的伦理特点，如这个词不是

---

① 在古希伯来语中有类似概念，主要包含在“职务”一词中。它表示祭祀的职务、工匠（《出埃及记》），表示在田中劳作的人（《历代志上》），表示商人（《诗篇》）。它同德语的 Beruf（职业）相同，不带任何色彩，它们均指脑力劳动，而非体力劳动。在《智慧书》第十一章第二十节中，用这个词表示上帝诫命的完成，这同神召便有了联系。路德没有希伯来文的《智慧书》，希伯来文的这两个概念对使用的语言不会造成任何的影响。

在希腊语中，根本没有任何表达伦理概念的相应的德语和英语的词。路德基本用的是现代的意思。我们将其译为“职业”，劳动分工下个人承担的工作，也指他的收入来源。还可以用 profession（职业）表示。也可以特指公共义务，可能源自公民的纳税申报，后来这个词指自由职业。它的狭义同德语的 Beruf 意思相近。

在拉丁语系的语言中，仅西班牙的 vocacion（神召）表示一种内心的感召。从神职的角度看，这个词在一定程度上含有德语 Beruf 的意思，但从未被表示为外在的召唤。——韦伯原注

源自德意志精神，体现的也不是《圣经》原文[①]，其现在的意思来自《圣经》的译文，它现今体现的是译者自己的精神。在路德译的《圣经》里，这个词的近代含义最早出现在J.西拉著的《智慧书》（第十一章第二十和二十一节）[②]。以后，在新教民族的日常用语中，这个词立刻就有了目前的含义。此前，在世俗和宗教著作中，根本找不到这层含义，哪怕暗含都没有。据我所知，仅在德国的一位神秘主义者的著述中出现过这一含义，其对路德的影响

---

① 另外，《奥格斯堡信纲》仅委婉地包括这种意思，但之后有所发展。《奥格斯堡信纲》（*Augsburg Confession*）是宗教改革时期最重要的新教信仰告白，至今仍然被路德教会接受为基本信条。《奥格斯堡信纲》主要由菲利浦·墨兰顿拟写，得到马丁·路德的同意后，提交给在德国奥格斯堡召开的帝国会议讨论。在天主教神学家作出回复后，查理五世拒绝批准《奥格斯堡信纲》，而路德教会则将其作为自己的基本信条。《奥格斯堡信纲》共包括28条，大多是肯定和承认天主教和新教共同认可的基督教信条，其他一些信条阐明了新教特有的信仰和实践。——韦伯原注

② 路德的Beruf具有两个毫无关联的概念。保罗的“蒙召”概念，表示通过神的召唤达到永恒的救赎。例如，《哥林多前书》第一章第二十六节；《以弗所书》第一章第十八节；《帖撒罗尼迦后书》第一章第十一节；《彼得后书》第一章第十一节。

《哥林多前书》共16章，成书于保罗在以弗所宣教时。书中内容主要针对当时哥林多教会的派系斗争及乱伦行为，痛斥派系斗争，申斥乱伦之罪、吃祭物、死人复活、敬拜规范等问题。《以弗所书》为保罗所著，这一点一直没有受到质疑。直到20世纪，许多现代解经家才得出结论说这封信不是保罗所写，或者说保罗只是写了其中的一部分。早期教会几乎一致认为这封信是写给以弗所教会的。每一份已知的文本都毫无例外地冠以“以弗所书”的卷名。《帖撒罗尼迦后书》是保罗在大约公元51年写给帖撒罗尼迦的基督徒的第二封信。之前保罗给这里的人写了《帖撒罗尼迦前书》。

后来的天主教译文也同路德的译文一样。路德的Beruf现有的大概世俗的含义最早出现在路德的《圣经》译本里。表明人的命运或既定工作、任务，与现在的“天职”的确相似。陶勒论《以弗所书》第四章的讲道时，说起这些去田间施肥的农夫，他们往往生活得更好，“因为他们只听从召唤（Ruff）而教会的神职人员却不听召从唤”。这里并没有用Beruf来表示完全世俗的劳动。这个词的这种含义在日常用语中还未流行。很明显，《七十子希腊文本·智慧书》里，只是劝解人们信仰上帝，并没有任何对世俗活动的宗教价值的暗示。

无人不知。

和这个词的含义一样，这种新观念也是宗教改革的结果。这应当是普通的常识。职业概念对人们的日常活动有着中肯的评价，在中世纪，甚至在古希腊晚期，就已经存在这种中肯评价的某些暗示。对此我们以后再加以论述。这其中肯定有一点是新的：个人道德活动最高模式应是，评价个人履行世俗事务这一义务的程度。因此，必然会导致日常的世俗活动具有宗教意义，由此第一次提出了职业思想。职业思想更进一步，引出了新教教派的核心教理：通过严格遵守禁欲主义达到超越世俗道德的目的，不是上帝应许的世人唯一生存方式，上帝要的是个人能尽力完成它赋予的地位相应的义务和责任。这是每个人的义务和天职。

路德在以改革家的身份从事活动的头十年中发展了此思想。起初，路德的思想和中世纪主流思想，如托马斯·阿奎那代表的思想大致相同①，认为世

在现代的《圣经》版本中，通常这一节的上下文是这样的：《哥林多前书》第七章第十七节：只按照上帝分给个人的、召唤给个人的而行。（第二十一节）你是作为奴仆被上帝蒙召吗？不要因此焦虑和忧愁。若能求得自由，求得自由更好。

路德最后创造的“Beruf”的含义，一度完全被路德派使用。而加尔文派却认为这是不实和伪造的。其只不过是为了更好地证明路德救赎论的结果。默里早已正确地指出，克莱默的《圣经》译本是清教徒 Beruf 即“职业”含义的神召概念的有利根据。布伦塔诺认为中世纪 vocation 并没有被译为 Beruf，当时没人知道这个概念，因为在当时根本不存在从事中等职业的自由民。布伦塔诺为天主教徒，其思想深受经院哲学影响，他认为研究灵魂也就是研究心理现象。他认为心理学的对象不是感觉、判断等的内容，而是感觉、判断等的活动。——韦伯原注

① 在托马斯·阿奎那提出个人的职业和财产是不同的神意决定时，他所指的是社会客观秩序。“不同的人被赋予不同的职业、不同的地位，都是神意早已设定好的。不同的人依据不同的天性得到各自不同的圣职。”托马斯·阿奎那（Thomas Aquinas）是中世纪经院哲学的哲学家和神学家，去世后被封为天使博士或全能博士。他是自然神学较早的提倡者之一，也是托马斯哲学学派的创立者，成为天主教长期以来研究哲学的重要根据。

俗的活动即便体现了上帝的意志，那也只是肉身的事情。世俗活动是信徒得以生存的物质条件，其本身同吃饭、喝水一样，在道德上是中性的[①]。但随着“唯一的信仰”（solafide）这一概念在后世的发展，反对投入魔鬼怀抱的天主教教徒对“福音书的曲解”的呼声必然越来越大，职业概念其重要性也越发凸显。路德认为修道士的生活，放弃了今世义务和责任，是毫无价值的，也不能用其世俗身份在上帝面前为自身申辩。路德认为很好地完成职业的劳动责任和义务是胞爱的体现。他以不同职业劳动分工造成的无论个人情愿与否都会为他人工作的事实加以论证，其观点的天真和亚当·斯密对同一问题[②]的论述形成了特别的对照。这种本质上的经院式的主张很快就消亡了，而无条件履行世俗义务是上帝应许世人唯一的生存方式的论断，却得以保留且越发受重视。这种生存方式的唯一性，让任何正统的职业在上帝那里都具

巴斯噶的观点与之很接近，他认为机遇决定职业的选择。托马斯和新教对职业观念的理解差别极为明显、托马斯和路德后来的伦理观点有许多相似之处，尤其在强调神意上，但其仍有明显的区别。虽然路德和托马斯在观点上有某些一致性，但不代表其受托马斯个人影响有多大，经院哲学对其影响才是最深的。——韦伯原注

① 在《一个基督徒的自由》中，（1）人的双面性是对自然法则基础上的责任的判断。人定会受到肉体和社会团体的制约。（2）在此种情形下，如果其是基督徒，用对邻里的爱来报答上帝的恩惠，因为上帝恩惠是纯粹、纯洁的爱。信仰与爱就这样被结合了起来。（3）过往对劳动的禁欲主义的判断变成人们从内心把握自己肉体的手段。（4）自然道德上的自然法则观念的出现，劳动本能是亚当在堕落前取悦上帝的一种手段。——韦伯原注

② “我们每日所必需的食物和饮品；不是来自屠夫、面包师、酿酒师的恩惠，而是他们自利的想法。我们不说唤醒他人利他之心之言，而说唤醒其利己之心之言。我们不因自己需要，而言对他人有利。”（《原富》卷一第二章）《原富》（*An Inquiry into the Nature and Causes of the Wealth of Nations*）为英国古典经济学家亚当·斯密所著，此书最早明确提出财富形成的泉源和过程，揭示出财富在社会各阶层的分配。

▶ 马丁·路德

这位由德国东部小城出来的中世纪修士，最后成为整个基督教会的表征。他不仅改变了基督教，也改变了整个西方文明。从他开始，基督教信仰的根基开始回到圣经当中，不再是教会的公会议。

备同等的价值①。

这种对世俗活动的道德辩护是宗教改革取得的重要成果之一，路德起的重要作用毋庸置疑，并常被提起②。这种观点涵盖了世俗与宗教双方。其没有巴斯噶骨子里对一切世俗活动的仇视和恨意。在巴斯噶心中，一切世俗活动都是无价值的、是低劣至极的表现。其观念与耶稣会士为了功利而与世俗妥协的自由宽容态度相形渐远。对于新教的这一成就的具体意义何在，人们无法明了，只能模糊地感受到。

首先，不用多加解读，路德学说不具备任何意义上的我们前面提到的资本主义精神。今天，任何强烈推崇宗教改革的宗派，都不会对资本主义表示支持。毫无疑问，路德本人也会极力否认自身观点与富兰克林的观点存在关联。至于其对当时的福格家族之类③的抱怨也不足为例。因为，16世纪、17世纪反对大专利贸易商行的法律

① “任何事皆为上帝而做，牛奶为上帝而挤，上帝让我们做的事，我们都一一遵从，无论事情的大小都使我们愉悦。”（埃尔斯帕格编，《创世纪》）陶勒尔在路德前就提出过这种观点，陶勒尔认为世俗和宗教的召唤在原则上是平等的。

② 我对一些研究者一直坚持认为这种变化对人的行为没什么影响感到吃惊并且不能理解。——韦伯原注

③ 涉及福格家族等家族，路德认为一个人一生积累庞大的财富是不可取的，是不虔诚的行为。这显示了农民对资本的猜戒态度。他认为将大量金钱投入债券业务是令人生厌的事情（《关于高利贷的大布道》埃尔兰根版）。——韦伯原注

▶ 克伦威尔

1650年9月3日，英国内战中的邓巴战役爆发，克伦威尔率1.1万英格兰议会军大败两万苏格兰军，击毙三千人，并俘虏一万人，议会军仅伤亡数十人。

或现实中的特权地位的斗争，可与近代的反对托拉斯的运动相比，这种对比的正确性毋庸置疑，其斗争本身就是传统观念的反映。在反对特权阶层、反对受英国国教和英法政府保护的伦巴德街金融家、投机商、专利者和银行家的过程中，清教徒和胡格诺派都进行了艰苦的斗争①。邓巴战役（1650年9月）结束后，克伦威尔给长期国会写了一封信，信中说："恳请改革各行各业的弊端：让多数人贫穷，让少数人致富，这与共和政体不符。"不难发现，克伦威尔走的是一条特别的推行资本主义的思想路线②。这同晚期经院主义相比，路德反对放高利贷或抽取利息

① 列维（H. Levy）对这种区别作了很好的研究，请参看《共和政体》第二卷第179页，1653年克伦威尔军队中的平等派反对贸易公司和专利商的请愿书。此外，劳德的专制对基督教会组织是有效的，国王希望从中独揽政经利益。清教徒的斗争正是针对这一情况。——韦伯原注

② 1650年克伦威尔向爱尔兰发出宣言，并发动镇压爱尔兰的战争。此宣言是对爱尔兰圣职人员发布《克伦麦克诺宣言》的回击。这一宣言与布尔战争中英国人发表的诸多文章气质相近，目的是阐述英国资本主义正当的战争理由。克伦威尔深信，了解他的人都会同意其想法，在上帝的见证下，英格兰的资本主义已经教会了爱尔兰人工作，其在道德上必须臣服。

的诸多论述，以资本主义观点来看，其关于资本主义获利本质的观念一定是落后的。尤其是金钱无益的说法，早就被在佛罗伦萨的安东尼批驳过了。

这些都没必要进一步讨论。首先，宗教意义上的职业观念对世俗活动的影响解释版本颇多。其次，同天主教的态度相比，宗教改革本身造成的后果只不过是让一项职业的世俗劳动受到教会的许可增多，道德重视加深而已。至于这种职业的进一步发展态势，各新教教会自有自己的发展之路。路德认为其天职思想源自《圣经》的权威，这种权威是利于传统主义的解释的。尤其是《旧约》，虽没有真正的先知著述表达超越世俗道德的观念，他处也只是零星内容加以暗示和暗指，但《旧约》却含有完全凌驾于这种传统主义意义之上的宗教观念。世人都应律己且满足于现状，让那些不信上帝的人去追逐财富利益。这便是所有直观表达世俗活动相关的言辞的核心意义。直到犹太法典[①]出现，才出现略有不同的观点，但其始终不是主流思想。典型的古东方式的祈求，"请赐予我们每日的食物"，用古典的不掺杂的形式表明了耶稣自身的态度。这样一来，也排除了近代职业观念的建立是在耶稣许可之上的可能性。《新约》中说的使徒时期，尤其是圣·保罗时期，基督徒对世俗活

▶ 宗教改革运动

1483—1546 年，马丁·路德坚决抗议罗马天主教会，发动了一场宗教改革运动。他所发起并领导的宗教改革运动席卷整个欧洲，永久性地结束了罗马天主教会对西欧的封建神权统治。

① 犹太法典与《旧约圣经》同为犹太教的圣典。

动或态度冷漠，或秉承传统主义观念；因为最初几代基督徒都在等待世界末日的来临，人人都只是在等待主的降临，那索性就待在原位，尽力做好主给他安排的职业，和往常一样劳动就好，无须为其他事费心。这样一来，他们就不会给胞爱带来负担，成为他们的施舍对象，毕竟，经历短暂时间后这一切就会结束。路德沿着自己的思想脉络阅读《圣经》；在1518—1530年这段时间里，其思想发展在这一点上不仅坚守传统主义，而且在以后的日子逐渐加深①。

路德进行宗教改革的初期，因其认为职业通常只针对肉身，其对世俗活动的形式而言，他的主要思想和《新约·哥林多前书》（第七章第十七节）中保罗的末世论思想有着重要关联②。在各种职业中，世人都能得救；人生数十载都在朝圣的路上，何必关注从事何种职业呢，短暂的人生只是朝圣的旅途。去追求超出个人需要的物质利益，是得不到上帝恩泽的表现，并且获得物质利益只能建立在牺牲他人利益的基础上，这应受到最直接的谴责③。随着路德越来越多地介入世俗事务，他对世俗活动的评价也随之增高。就个人从事的具体职业而言，他对职业是上帝的意志安排给世人，世人必须履行神意的观念越发推崇。在路德看来，在与宗教狂发生冲突和农民爆发骚乱后，个人所处的客观历史环境越发直观地体现上帝的意志④。他对上帝意志的作用强

① 将埃格尔的著作与《路德宗和归正宗教义之比较》《路德的伦理观》《教义史》相比较。《新教神学和教会的真正百科全书》中“职业”这一概念毫无价值，其未对这一概念及其产生作出任何科学的解析。只是对各种问题作出一些感伤评论而已。——韦伯原注

② 《对哥林多前书第七章的分析》，路德仍在此解读这一段中“在上帝面前，每一个职业皆有自由”的思想，并对其作出相应的推理，其推理从根本上讲是在探讨“自然法则”和上帝的公义关系的双重性。——韦伯原注

③ 索姆巴特引用的论证手工业精神的箴言，与《论买卖和高利贷》中的这一段相比，这一原则完全是为托马斯精神量身制定的。——韦伯原注

④ 在1530年写给施特恩贝格的信中，《诗篇》第117信的注释已被路德献上，这封信道德价值不高，在施特恩贝格眼中也不够尊贵，但它仍被认为是神意的安排。——韦伯原注

调更胜往日，尤其表现在生活中具体事件上，他越来越多地以上帝旨意为出发点作出传统主义解释。个人从事世俗活动应在特定的职业范围内，并安守上帝赐予的身份、地位和安排的职业。因路德的经济传统主义源自保罗的淡漠世俗的思想，这种学说的发展体现出的信奉神意的色彩[①]越发浓重，也将安于现状与绝对服从上帝的意志等同[②]。以此种思想为出发点，在世俗活动和宗教原则之间，路德绝无可能建立新的有意义的本质联系。在路德承认教会的唯一正确准则是教义的纯正性之时，就足以对他发展新的伦理观点造成阻碍。因其这种态度在20年代后表现得越发强烈，在这一点上，他几乎到了难以挽回的局面。

路德的职业观念仍然是传统主义的。其所说的职业，即世人必须接受适应上帝安排的事。这一点压倒了从事职业是上帝安排的一项任务[③]且是唯一任务的观念。在后世，正统的路德派更多地强调这一点。这就造成当时唯一的伦理观是消极的：世俗工作与苦行活动的地位，处于近乎平行的状态；大众倡导安于现状，服从权贵。按照路德的观点去理解职业概念，那么，很大程度上，德国神秘主义者早已提前跨出了这一步，对此将在讨论中世纪宗教伦理时加以阐述。尤其在陶勒尔（Tauler）眼中，宗教活动和世俗活动已经是等价值的了，因灵魂陷入对神意的冥思，所以，传统形式上的修行实践获得的评价也在降低。路德与路德教派和神秘主义者相比，其在某种程度上削

---

① 1530年对《诗篇》第111篇第5、6节的解读，起始就是对隐世修行的反驳。但这里仍认为“自然法则”和神的公义保持一致，包括等级的划分，各级的平等仅存在于上帝那里。——韦伯原注

② 如在《论宗教会议和教会》和《关于神圣的圣事的简短忏悔》中所聆听的教诲一样。——韦伯原注

③《教职》一书中所写：“上帝召唤世人接受天职”。其必须顺从做上帝的仆人，等待神召。让上帝感到欣慰的是顺从，并非个人创造的成就。——韦伯原注

弱了一种理性伦理观的心理基础，从这一点上看，某种程度上路德主义是在神秘主义中后退了一步（神秘主义者的这种观点，会让人联想到虔敬派和贵格派的宗教心理）。而这恰好让路德怀疑，禁欲主义观念中的自我约束能否通过工作导向救赎。所以，路德及其教派越发坚持在这种背景下，保持那种职业观念。

因此，纯粹地以路德思想的职业观念为出发点研究问题，其重要性值得商榷。这就是我们此时要解决的问题[①]。但不能完全否认，路德在宗教生活的革新上的观念，对我们的研究没有实际价值；恰好相反，只不过是其不像与新教主义的其他方面的联系那样明显、易理解，其本人和教派的世俗活动观念也无法直接为之提供借鉴。所以接下来我们应研究的教派，其现实生活和宗教动机之间的关系要比路德派更易理解。我们早就提及了加尔文主义及新教其他教派在资本主义发展史上起到的重要作用。和路德在茨温利身上发现了异于他自身的精神在发挥作用类似，路德思想的继承者们在加尔文主义者身上也发觉了不同的精神在发挥作用，天主教会至今仍觉得加尔文主义是其真正的对手。

现在可以单纯地从政治角度上作一定的解释了。宗教改革的出现，没有路德个人的宗教思想的发展，是不可能出现的，因为宗教改革从始至终都受其人格魅力影响，但我们也不能忽略加尔文主义的作用，没有加尔文主义，路德的工作是无法取得长久实际的成功的。尽管如此，天主教和路德教同样厌恶加尔文教的原因，或者说部分原因是其伦理特性。仅从外在我们就可以看出，加尔文主义中的宗教生活和世俗活动的关系与前两者大不相同。甚至在纯粹宗教影响下的文学作品中，这一点也很明显。例如，《神曲》的收尾

① 这是目前唯一关于路德的看法的目的，对此只能限于简略概括，虽然这样做不能对路德影响作出合理的整体评价。——韦伯原注

诗句，诗人在天堂中伫立无言，顺服地思索着上帝藏起来的奥秘，我们可以把它同弥尔顿的《失乐园》相比较，后者在描写亚当、夏娃被逐出乐园后写道：

回　顾

二人昔日幸福乐园的东侧，
火焰的剑在那里舞动。
门口有可怖面孔，火武器的队伍。
自然的泪在他们眼中滑落，很快就被拭去；
世界整个放在二人面前，
让他们选出安身的归宿，
神的意志做他们的向导。
在这一段略往前一点，米迦勒对亚当说：
“实践，配合你的知识，
加上信仰、德行、忍耐、节制，
再加上爱 ——后世的
‘仁爱’，是其他一切的灵魂——
这样，你就不会因离开乐园伤感，
而你的心中
还另有一个快乐的乐园。”

人们从中可清晰地感受到，清教徒对尘世的重视，当世即工作的观念，在中世纪作家的笔下是不会出现的。但其与路德主义也有不同之处，正如路德和保尔·格哈得的赞美诗中讲述的那般。我们当下的任务就是哪怕更准确一点且合乎逻辑的表达替代模糊的观念，并从本质上了解差异的缘由。那些

▶ 亚当、夏娃偷食禁果，被逐出乐园

将之诉诸民族性格的观点，通常只是承认无知，同时，这种观点是经不起推敲的。17 世纪的英国人具有统一的民族性的观点，是对历史的歪曲。圆颅党①人和骑士党②人彼此将对方看作极不相同的人，不单单是党派的不同，对两党作过深入研究的人，都会同意他们的看法。此外，人们在当下还未发现英国商人冒险家与古老的汉萨同盟间存在性格差异，中世纪末的英国人与德意志人存在根本的性格差异，切记，这种差异也不能用其政治历史不同加以解读。而是宗教力量——不是唯一，但影响远超一切其他力量——今天我们所意识到的差异，都是其带来的结果。

所以，我们以加尔文、加尔文宗和其他新教派别的著作作为出发点，研

① 17世纪中期，英国国会中的一支党派。圆颅党是英国议会政论中，首次用形象来表达政论诉求与效果的党派。其成员统一剃去鬓发，以从样貌上区别于其他议会中的权贵。因头发较短，头颅相对较圆，故有此称。

② 英国资产阶级革命中的保王党派，主要由官僚与贵族组成。其党派成员仿效中世纪骑士，佩长剑，戴假发，故有此称。

究古老的新教伦理同资本主义精神二者间的关系。但不代表我们想找寻到这些教派的任何创始人或代表，将推动资本主义的精神作为其毕生的目标。我们也不能认为其中有人以追逐世俗物质利益为目标，并视其为真正的伦理价值。我们须谨记，伦理观念的改革对于宗教改革家们而言（指门诺、乔治·福克斯、卫斯理）从不是他们关心的中心问题。因为宗教改革家不是道德文化团体的创始者，也不是人道主义的社会改革家，更不是文明理想规划的提倡者。有且只有灵魂的救赎，才是他们生活和工作的中心。他们的动机是纯粹宗教式的，其道德理想及教义产生的实际效果都建立在此基础之上。我们不能否认的是，宗教改革的文化后果，大体在我们重点研究的这些方面，这是改革家们想不到或者说不想去达到的。这些结果，不是同他们本人想达到的目的相差甚远，就是相反。

因此，接下来的研究会是以谦虚的方式，帮助我们理解观念在历史上是如何形成有效力量的。为避免在纯粹观念动机的讲述过程中，对这种有效力量的意义出现误解，我将作一个引言性讨论。

在这里，可以毫无顾忌地说，从任何角度对宗教改革中的观念作出评价——无论社会、宗教价值——都不存在任何企图。对于继续讨论宗教改革，就其真正的宗教意识而言只能说是偶然的、表面性的旁枝。因为，我们试图讲明的只是宗教力量，在一直不断发展的世俗文化之网形成过程中，在历史长流中诸多因素错综交织、相互影响中发挥的作用。因而，我们只是想问：在何种状况下，这种文化的某些特性可以归因于宗教改革的影响。同时，我们也要摒弃一种想法，宗教改革是历史的必然产物，那么也许能从某些经济变革中推断出来。历史条件，尤其是纯政治进程，不能归结为经济规律，也不能用经济原因加以解释，它们相辅相成，才能让新建立的教派得以延续下去。

此外，我们从未打算坚持这个愚蠢的本本主义的论点，将资本主义精神

（据以上解读的暂定意义而言）的产生，仅是归结为宗教改革的某些作用的结果，甚至从经济角度出发，视其为宗教改革的创造物。人们都知道，在宗教改革之前，资本主义商业组织的某些重要形式早已存在，这就是最有力的驳斥论据。对于我们而言，只是对宗教力量在资本主义精神质的形成及世界范围内量的传播，是否存在或有多大影响加以评估。更进一步讲，资本主义文化究竟从哪些方面可以在宗教力量中找到具体解释。考虑到物质基础、社会政治团体和宗教改革时期流行的观念，这三者之间的思想交织极其混乱，使我们只好从研究宗教信仰形式和实际伦理道德观念之间是否存在某些具体联系开始。同时，我们将尽最大努力阐明，宗教运动通过这些关系影响物质文化发展的方式和大方向。只有准确合理地阐述这一点，才存在可能，将现代文化发展过程中受到的影响归分给这些宗教力量及其他因素，并合理地作出评估。

第二卷

禁欲主义新教的职业伦理

The Protestant Ethic and the Spirit of Capitalism

韦伯认为正是新教的生活伦理思想对资本主义发展产生了实质性的影响。本部分作者将进一步阐释宗教伦理对社会生活带来的影响及解释什么为“资本主义精神”。

第一章
世俗禁欲主义的宗教基础

在历史上，奉行禁欲主义的新教有4个主要的担纲者：①加尔文宗，具体指它在西欧，特别是在16世纪的西欧有较大影响的区域所采取的宗教形式；②虔信派；③循道宗；④在浸礼运动中产生的一些宗派，主要包括浸礼会、门诺派和贵格派[①]。这些宗教派别相互之间的界限并不是十分清晰，甚至与那些宗教改革后的非禁欲主义的教派之间的区别也非绝对鲜明。

▶ 斯彭内尔

菲利普·雅各·斯彭内尔(Philipp Jakob Spener，1635—1705)，是虔敬派的主要代表人物。

就循道宗而言，此教派18世纪中期从英国国教圣公会内部发展而来，其奠基人最初并无意创建一个新的教派，而只是希望在国教内唤醒禁欲主义精神。只是在后来的发展进程中，特别是在向北美大陆延

① 较为重要的宗派还有茨温利教派（Zwinglianism）和阿明尼乌教派（Awminianism），但茨温利教派在经过一个短暂的扩张期后便失去了其重要意义，所以韦伯不在此处对它进行个别讨论。阿明尼乌教派一则在教义上表现出某种对现世禁欲主义的拒斥，二则韦伯会在下文专题讨论，所以此处也未提及。——韦伯原注

伸的过程中，循道宗才最终与英国国教分道扬镳。

虔信派产生于英国，起源于荷兰的加尔文教运动，也是分裂的产物。初期，它与正统尚存不甚紧密的联系，而后经过不易察觉的蜕变，逐渐脱离正统，于16世纪末在斯彭内尔（Spener）[①]的领导下融入路德宗。直到17世纪末，虔信派与加尔文宗仍保持着不易察觉的联系。作为路德宗的一支存在时，虔信派的教义调整得不够理想，其发展与影响也局限于教派内部。直到亲岑道夫（Zinzendorf）[②]的追随者受胡斯派（Hussite）[③]和加尔文宗在摩拉维亚兄弟会教派（herrnhuter）[④]的部分影响下，像循道宗一样，被迫组合成一个游离于路德宗之外的特殊类型的教派。

▶ 尼古劳斯·路德维希·青岑多夫

德国伯爵，宗教和社会改革家，摩拉维亚兄弟会主教，出生在德累斯顿。

加尔文宗与浸礼派在发展初期曾一度尖锐对立，但到17世纪后半期，浸礼派与加尔

① 斯彭内尔是虔敬派的主要代表人物，其名著《敬虔的欲望》出版后掀起了正规的虔敬主义运动。这一方面是因为他在书中提出了具体的教会改革方法论，另一方面是因为他把自己的主张通过每周组织教徒研读圣经、讨论讲道内容、交流体会的方式付诸完美实践。

② 亲岑道夫是虔敬主义的另一代表人物，自幼受斯彭内尔影响。1722年，亲岑道夫在波希米亚附近召集一批受胡斯派和虔敬主义影响的摩拉维亚人，创建摩拉维亚兄弟会。该会不主张与路德宗分裂，只强调个人重生与宗教热情，把自己看作“世上的盐”，要将一种“心的宗教”传播到整个基督教世界。

③ 胡斯派因15世纪早期胡斯在捷克发动宗教改革运动而得名。1415年胡斯被处以火刑后，其信徒于4年后发动起义，反抗德意志皇帝和罗马教皇，史称胡斯战争。由于此派中的圣杯派与封建天主教阵营勾结，胡斯起义最终失败。

④ 胡斯战争失败后，其残余力量组成了波希米亚兄弟会，处在地下状态的他们依然否定天主教权威，从而继续遭受打压与迫害，摩拉维亚兄弟会是波希米亚兄弟会的延续。

文宗的联系甚为密切。在该世纪初，它们的界限还是清楚的，就像英国与荷兰各自独立的那些教派一样。虔信派的历史显示，其向路德宗的过渡是一个渐进的过程。加尔文宗与英国国教圣公会的关系同样如此，尽管无论从外部特征看，还是就其最必然的拥护者的精神而言，英国圣公会与天主教的关系都更为密切。诚然，不管是附和禁欲运动（这一运动被称作“清教”，此处是就“清教”这一不固定的术语的最普遍意义而言）的大众还是其最坚定的倡导者，都曾从根本上反对过圣公会的信仰基础；但二者之间的差异是在斗争进程中逐步明朗化的，而不是天然形式的。即使我们完全抛开政府的组织管理等问题不谈，事实并不因此而发生改变。它们在教义方面的不同，包括最重要的那些区别，如预定论和称义论上的不同，都是极复杂地交错结合在一起的；在17世纪，这些差异虽说不无例外，至少会经常性地阻碍教会维持其内部统一。

▶ 扬·胡斯

是14世纪的捷克宗教思想家、哲学家、改革家，曾任布拉格查理大学校长、布拉格伯利恒教堂神父。其是捷克的骄傲。

首先，我们应该注意到这样一个事实：无论我们的对象是笼统指向上文已经提及的那4个奉行禁欲主义的新教的担纲者，还是具体指向从它们之中产生出来的众多教派中的任何一个，都可以发现，与之相关的林林总总的道德行为不是近似，便是相同。我们将从中看到，类似的伦理准则可以附着在形形色色的教义基础之上。进而，用于拯救灵魂的重要手段——写作技法——主要是诡辩概要法，在随着时间的推进彼此影响。尽管这些派系在实际行为上存在巨大差异，但我们仍能发现它们之间存在着大量相似之处。

最好的办法，似乎是完全忽略掉相关教派的教义基础与伦理理论，转而着重探讨那些能够确知的伦理行为。然而，这样做并不明智。很显然，禁欲主义的道德基础在各种教义激烈对抗之后都消失了，然而与相关教义的基础的原始联系在后来的“非教条的”伦理中留下了重要痕迹。况且，只有了解到根源性问题及最初的思想体系，我们才能认识到禁欲道德与来世观念的联系，毕竟，来世观念曾经绝对统治过那个时代最圣洁的人的灵魂。当然，没有那种笼罩一切的力量，也不会促发宗教觉醒，从而影响时人与今人的实际生活。

在此，我们所关注的当然不是当时那些官方喜闻乐见的宗教伦理小册子里的什么东西，无论它们曾在多大程度上产生过多么实际的重要作用。我们的兴趣完全在另外的方面，即由宗教信仰和宗教活动所产生的心理约束力的影响。这些影响指导着人们的日常行为并制约个人行为，而这些约束力在很大程度上则衍生自它们背后的各种宗教思想的特点。

当时的人们热衷于抽象的教义，这种热衷已经达到了只有我们了解相关教义与实际宗教利益的关联时才能理解的程度。因此，对教义作些考察必不可少，尽管这对神学持抵触态度的读者来说显得索然无味，而对神学家来说又显得过于草率也难免失之肤浅。

当然，我们只能以理想的模式着手研究这些宗教观念，即把它们当成某种程度的逻辑一致性的构造概念进行研究。因为就像人们不可能在历史中截然划分很多事物的标准界线一样，我们也只能寄希望于通过这种研究来确定相关观念的特殊影响。

A. 加尔文宗

在16、17两个世纪最发达的那些国家，如尼德兰[①]、英国和法国，正是加尔文教这一信仰引起了巨大的政治与文化冲突。因此，我们首先来考察加尔文教。

在当时，甚至包括今天，笼统地讲人们认为预定论是加尔文教教义的最显著特点。当然，关于预定论是归正宗的核心信条还是仅仅是其附属物的问题，一直存在争议。

判断某一历史事物的重要性程度，可以价值为标准，也可以信仰为标杆。也就是说，相关判断可能基于一个令人感兴趣的点，即短暂价值，也可以基于持久价值，或曰永恒价值。此外，相关判断也可以基于某一历史事物与其他历史事物之间的因果关系，这种判断属于历史归因性判断。现在，我们恰恰就要从这种角度出发——我们必须这么做——去探讨预定论这一教义因其在历史上呈现出的结果（影响相当强大）而应该赋予它的重要意义的话，那么这一教义确实应该得到非常高的评价。

奥登巴内维尔德（Oldenbarneveld）[②]领导的反对荷兰当局的斗争，就是被这一教义摧毁的。也正是由于君权与清教徒在这一教义上的分歧，使得英

---

① 尼德兰是荷兰的前身，本意为“低地”，指包括今天荷兰、比利时、卢森堡和法国东北部在内的地势低洼的地区，历史上曾属于西班牙帝国，后尼德兰人起义，但只有以荷兰为核心的北方七省坚持了下来并最终独立，是为荷兰。

② 奥登巴内维尔德是荷兰杰出的政治家，是继威廉·范·奥伦治之后的第二个荷兰独立之父，荷兰东印度公司也是在他的主导下创立的。但因为公开为宗教自由主义辩护，他被政敌逮捕并公开斩首，死时已是72岁高龄。

▶ 英国圣保罗大教堂

国国教圣公会的分裂终于在詹姆士一世①时期变得不可避免。这一教义因此常被看作加尔文宗对国家的首要政治威胁，因此屡遭权势打击。与之相对，在16世纪的多次重大宗教会议（主要是多德雷希特宗教会议与威斯特敏斯特宗教会议②）上，抬高这一教义，使之具备宗教法规权威性，曾多次成为会议核心任务。会场之外，它还是无数斗士们英勇力量的源泉。尤其是在18、19两个世纪中，它导致了教会的分立，并且成为大觉醒运动的战斗号角。很显然，它不容忽视，但目前的情况却是，它并不被所有受过教育的人所了解。所以当务之急是通过摘自这一教义的权威来源的几段

① 英王詹姆士一世不失为一个明智的统治者，也是一个饱学的神学家。他的著作《自由君主制的真正法律》，既反对加尔文主义的反君主观点，也反对教皇的最高权威。他同情清教徒，也对天主教徒保持宽容，但无论是谁，胆敢触犯其“君权神授论”之底线，他也会毫不客气地处罚他们。

② 多德雷希特是荷兰的港口城市，1618年，由荷兰政府邀请，35位荷兰牧师、几位长老、5位神学家和18位国家顾问，以及27位海外代表，代表苏格兰、英格兰、比利时、德国、瑞士、法兰西等欧洲各国的宗教权威，齐聚多德雷希特召开了大型宗教会议，简称“多德会议”。它是当时基督教有史以来最大的会议，会议的结果和贡献就是总结出了加尔文主义的五点原则。此外，它为此后的各次会议和信条打下了神学基础，成为世界各地教会的理论根源。30年后召开的威斯特敏斯特宗教会议及其确立的《威斯特敏斯特信纲》，正是建立在它的神学根基之上。

文字，来了解一下它的主要特征。这一权威来源就是众所周知的1647年的《威斯特敏斯特信纲》。独立派[①]和浸礼派的教义都出自这个文件并且只是简单地复述了它。

第九章（论自由意志），第三条：人，由于他堕入罪恶状态，所以完全丧失了达到任何崇高的善的意志能力以及与此相伴随的灵魂得救。因此，一个自然人，完全与善背道而驰并且死于罪孽，便无法依靠自己的力量改变自己，或为此作任何准备。

第三章（论上帝永恒天命），第三条：按照上帝的旨意，为了体现上帝的荣耀，一部分人与天使被预先赐予永恒的生命，另一部分人则预先注定了永恒的死亡。

第三章（论上帝永恒天命），第五条：人类中被赐予永恒生命的，上帝在创世之前就已根据他亘古不变的意旨、他的秘示和良好愿望而选中了耶稣，并给予他永恒的荣耀，这完全是出于上帝慷慨的恩宠与慈悲，并没有预见他们的信仰或善行，也没有预见任何其他条件或理由使上帝如此，一切归功于上帝伟大的恩宠。

第三章（论上帝永恒天命），第七条：人类中其余的人，上帝施予仁慈或拒予仁慈，完全遂其所愿。为了展现自己造物的荣耀，上帝乐于对他们置之不理，并注定他们因为自己的罪孽感到羞辱并遭到天谴，一切归于上帝伟大的正义。

第十章（论有效的神召），第一条：所有上帝赐予永恒生命的人，也只有那些人，上帝乐于在他预定与接受的时候，以圣言或圣灵进行有效召唤

---

① 清教的一个学派，代表了英国资产阶级革命中的资产阶级意志，产生于16世纪末。主张信徒独立领受上帝旨意、教堂各自独立，并且教堂之间只有联合而无隶属关系。

（将他们从浮生罪恶与死亡的状态中拔擢出来）……剔去他们的铁石之心，赐予他们肉做的心，更新他们的意志，并以上帝的无上威力，使他们坚定地从善。

第五章（论天命），第六条：至于那些不信教的恶人，前世的罪恶使他们不辨善恶，而且铁石心肠，上帝作为正直的裁判，不仅拒绝给予他们恩赐——这恩赐本可以照亮他们的眼睛、软化他们的心肠，而且上帝有时甚至收回他们原有的天赋，当他们的腐化导致罪恶的机会时。而且，上帝还放纵他们的欲望，用尘世的诱惑和撒旦的魔力引诱他们，于是这些人的心肠会越来越硬，甚至上帝用来软化他人的方法也只会使他们的心肠变得更硬。

“哪怕把我放逐到地狱，这样一个上帝也无法令我敬重。”这是弥尔顿[①]对这一教义众所周知的评判。但我们这里要关心的并不是具体评价，而是这一教义的历史意义。我们只能简略地描述一下这一教义的渊源，以及它是怎样成为加尔文宗神学体系中的组成部分的。

这里存在着两种可能性：首先看路德选择的路。宗教意义上的救赎，与每个人得救命运的确定性感觉联系起来，显然只有被归因于一种高高在上的神秘力量，而不是个人努力，才可以让人信服。其次这种联系特别容易被那些热情且活跃的信徒所接受，继奥古斯丁[②]之后的基督教历史中频频出现这类热忱的膜拜者。这是因为对终极幸福即救赎的确信，会产生强有力的情绪从而可以减轻罪恶感所造成的巨大紧张，这种有力的情感无疑以极强的力量

① 弥尔顿是英国诗人、政论家，是英国文学史上最伟大的六大诗人之一，代表作《失乐园》。他出身清教徒家庭，也是清教徒文学的代表人物。

② 奥古斯丁是古罗马帝国时期的天主教思想家，是基督教神学的重要代表人物。在罗马天主教系统中，他被封为圣人。对于新教教会，特别是加尔文主义，他的理论是宗教改革的“救赎”和“恩典”思想的源头。

▶ 《失乐园》
1866年纽约版，古斯塔夫·多雷插图。

冲击着信徒，使他们根本无法相信救赎这一无法想象的礼物竟会与他们个人的合作有任何联系，或者与他们自己的信仰和意志或品质、德行有任何联系。路德在处于巅峰状态时，也就是在他写作《基督徒的自由》阶段，毫不怀疑地认为上帝的秘示是他得以受到宗教救赎的唯一的、终极的、不容质问的源泉。即使后来，他也从未正式放弃过预定论观念。然而，这种思想也从未在路德的神学体系中占据过中心地位。并且，由于后期他作为他的教派的领袖不断地投身于实际政治与宗教斗争，预定论愈加居于次要地位。梅兰希顿（Melanchthon）曾刻意避免将这一危险而晦暗的教义纳入《奥格斯堡信纲》[①]。继而，路德宗的开创者们对这一教义采取了坚定立场：上帝的救赎具有可失性，同时也可以通过谦卑的悔过和绝对信赖上帝的旨喻及圣事而重新赢得。

而在加尔文那里，这一过程恰恰相反。预定论教义的意义在于他与对手

① 《奥格斯堡信纲》是宗教改革时期最重要的新教信仰告白，至今仍被路德教接受为基本信条。1530年，为调和新教和天主教之间的争论，应神圣罗马帝国皇帝查理五世要求，作为路德曾经的得力助手，梅兰希顿起草了《奥格斯堡信纲》，得到路德同意后，提交给了德国帝国会议。之所以会出现正文中所说的情况，一定程度上是因为当时的梅兰希顿已对路德的意志论持怀疑态度。

就教义进行论战的过程中，不是逐渐弱化而是逐步增大的。这在他和竞争对手的争论中表现得很明显。但是，直到他的《基督教原理》一书第三版出版，预定论教义才在他的神学体系中充分展开。在他去世后，当多德雷希特与威斯特敏斯特两大教会会议决定结束那些激烈的冲突时，这一教义才被上升到主导地位。对加尔文来说，令人敬畏的教义并非像路德所认为的那样，即从宗教经验中发展而来，而是出于他自己思想的逻辑需要。随着逻辑一致性的不断增强，这一教义的重要性也因此得以不断发展。其根本意义在于：上帝不是为了人而存在，相反，人的存在是为了服务于上帝的意志。一切造物，以及发生的一切，包括只有一小部分人被选召而获得救赎这一残酷事实（加尔文从未怀疑过这一点），只有一个意义，即服务于上帝的荣耀与威严。以尘世间的“公正”概念来衡量上帝毫无意义，而且亵渎神灵。因为上帝是绝对自由的，不受制于人间任何法律。作为上帝的臣民，我们充其量只能根据上帝的意旨，牢牢抓住些永恒真理的碎片。其他的，包括我们个人命运的意义，都隐于冥冥之中，我们不可能洞悉这种神秘，对此提出任何疑问都属于僭越的行为。

对于沉沦的人来说，抱怨命运再简单不过，然而这正如动物抱怨它们不能生而为人一样徒劳。所有的一切，特别是肉体的一切，都被一条无法逾越的鸿沟与上帝隔开，只要上帝不准备用另一种方式来彰显他的荣耀，那就只有赐给他们永恒的死亡。我们仅仅知道：只有一部分人能够得救，其余的都将被罚入地狱。如果假定人类的善行或恶举能在决定这一终极命运时产生影响、发挥作用，就相当于是说上帝的荣耀与权威其实也可以为人类所左右，而上帝的荣耀与权威又如何体现呢？这明显于理不通，自相矛盾。《新约》为我们描述了一个“天上的父”，他是那样富有人情味和同情心，他会为每个罪人幡然悔悟而感到欣慰，就像一个妇人为银币的失而复得而欣喜。但这个慈祥的“天父”后来逐渐被一个超验的存在取而代之。他已成为人类理解力所无法企及的存在，并且以他那同样为人类无法企及也无法理解的圣喻规划了每个人的命运。茫茫宇宙中的每个微小细节都在他的掌控之中。也就是说，圣喻从一开始就是明确且不可改变的，上帝的恩典一经赐予便不可能丧失，上帝如果拒绝恩赐，那么恩赐便不可能通过某些尘世人的善行来获得。

这样的教义——预定论——显然是可悲的基调，显然是非人性的，对于献身于它的人来说，所能感受到的必然是内心的空前孤独。在宗教改革时期，人们生活中的首要问题，就是自己能否得救，但他只能被指导着独自走下去，独自去面对上帝早已为他决定了的命运，谁也帮不了他。教士无法帮助他，因为只有上帝的选民才能从精神上领会上帝的旨喻，而教士未必就是选民。圣事也无法帮助他，上帝虽然规定臣民要用圣事增添自己的荣耀，但圣事并非获得恩典的有效手段，它只是信仰的主观的“外在补充”。教会同样无法帮助他，虽说“教会之外无救赎”，可那只意味着回避真正教会的人永不可能是上帝的选民，那些不能获得恩典的人就算取得教会成员的资格也仍然要接受末日审判①。教会成员的资格是必须的，但不能简单到入教便能得救，那是不可能的。最后，甚至连上帝也无法帮助他。耶稣的死只是为了那些预定的少数选民。为了选民的利益，上帝在冥冥中安排了耶稣的殉教。总之，通过教会与圣事获得拯救的任何可能性都被完全排除了，新教与天主教的绝对性区别也就此产生了。

把魔力（magic）从宗教世界中驱逐出去，是宗教发展史上的伟大进程。这个过程始于《旧约》中的古代犹太教的预言，而后与古希腊人的科学思想相融合，所有以巫魔手段追求拯救的做法，全部被当作迷信和罪恶加以摒弃。这一进程在预定论教义中达到了它的顶点。真正的清教徒，甚至在葬礼

① 基督教认为，在世界终结前，上帝和耶稣将要对世人进行审判，这就是末日审判。凡信仰上帝和耶稣基督并行善者可升入天堂，不得救赎者下地狱受刑罚。基督教经典中有对末日审判的描述。

上也拒绝举行任何宗教仪式，埋葬至亲好友时也不唱挽歌，或进行其他仪式，以杜绝迷信、杜绝靠魔力或行圣事的力量来赢得拯救这种反教义想法。不过，在路德宗，这一发展还没有被贯彻到完全逻辑一致的地步。

对那些上帝拒绝施予恩典的人来说，不仅不能通过魔力手段改变结果，而且不存在任何有效手段。上帝的绝对超验性以及“一切与肉体有关的都是堕落”等严酷教义，加上由教义导致的个人内心的空前孤独，一方面可以解释为什么清教徒对文化、宗教中一切诉诸感官和情感的成分都采取彻底否定的态度，那是因为这些东西无助于获救，且只能平添感伤的联想与偶像崇拜式的迷信。与其如此，还不如在那些诉诸感官的文化面前背过身去。另一方面这种孤独感最终绵延成为以幻灭感及悲观倾向为内核的个人主义的重要根源。这种个人主义，即使在今天依然可以从与清教有历史渊源的民族之性格或习俗中窥见。这一悲观的个人主义，与后来的启蒙运动看待世人的眼光形成了鲜明的对比。

* * *

在16—17世纪，我们可以清晰地发现预定论教义对宗教生活，尤其是有组织的宗教生活的明显影响印记。即便是在预定论的权威性已经减弱之后，相关影响依然清晰可见。事实上，预定论的教义是一种极端的告诫：除上帝外，任何信任都应该被排除掉。比如，在英国清教文献中，就明确记载有教会反复告诫人们切莫相信朋友间出自友谊的帮助的话语。甚至和善的巴克斯特（Baxter）[①]也奉劝人们要对最亲密的朋友存有深深的怀疑，而贝雷（Baily）[②]则直截了当地告诫人们切勿相信任何人，不要对任何人让步，即使是最好的朋友。唯有上帝才可以信赖。

---

① 巴克斯特是英国一位改革宗牧师，曾做过国王的宫廷牧师，也备受迫害，作品颇多，追随者众多。

② 贝雷是英国神学家，生于1565年，卒于1631年。

在加尔文主义盛行的地区，与路德主义形成鲜明对比的是，与这种生活态度相联系，秘密忏悔悄然消失了。尽管加尔文本人仅仅对秘密忏悔有所怀疑，他只是担心那样做有可能产生对圣事的误解。这一历史实在具有重大意义。首先，这是加尔文教所产生的特定影响的迹象；其次，它也是加尔文教伦理态度发展的必要心理刺激。

取消秘密忏悔机制，意味着他们失去了能够阶段性地释放负罪感的手段。我们会在后面讲到它对日常生活中伦理行为的影响。而此处，至少仅就一般个体信徒与一般宗教环境而言，其后果是十分明显的。前面讲过，为了得到拯救，人们必须加入真正的教会，但加尔文教徒与他的上帝的联系仍是在深深的内心孤独中进行的。体现这一独特情感倒也不难，我们只需读一下班扬（Bunyan）①所著的清教文学代表作《天路历程》就可以。这是在清教文学中流传最广的书籍。书中那些描写基督徒（主人公）态度的章节是其中心：一旦基督徒意识到他是生活在毁灭之城，他就会迫不及待地追随感召踏上天路历程。妻子儿女试图抓住他不放，但他依然选择踉跄着走向原野，同时用手指堵住耳朵，高叫着："生命啊，永恒的生命！"多么瑰丽的文采都无法与班扬笔下这个基督徒的单纯情感相媲美。作为"持异见者"，班扬在监禁他的斗室中一待就是12年，但他赢得了广大信徒的爱戴。因为他的作品表达的情感是一个虔诚的清教徒的情感，基督徒唯一的念头就是如何使自己得救。这一情感在基督徒与他的同道中人在途中广泛的交谈中得到更充分的表现，那情形使人想起凯勒（Kellcr）②的《正直的卡马切尔》一书（*Gerechte Kammacher*），只有在制梳匠确信自己已经得救后，他才会想到，

---

① 班扬是英国著名作家、布道家，曾因支持参与非法集会被捕，狱中写就《天路历程》，被誉为"英国文学中最著名的寓言"。

② 凯勒生于瑞士苏黎士，因渴望成为画家到德国学习，失望后转向文学创作，乐于描写细节和现实生活，强调今生而非来世，代表作为《绿衣亨利》和小说集《塞德维人》。

如果全家人都在，倒也不错。

同样地，关于对死亡与彼岸的恐惧，我们曾在多林格[①]（Dollinger）笔下利果里的阿尔封索（Alfonso of Liguori）身上清晰地感知到。这种恐惧与当年马基雅维利[②]在历数那些佛罗伦萨市民的荣誉时曾表现出的那种高傲的现世取向的精神相去甚远。那些市民在与教皇及开除教籍的威胁作斗争时曾提出："对故土的爱高于对自己灵魂不得救的恐惧。"

班扬笔下基督徒的恐惧，以及多林格笔下利果里的忧虑，与瓦格纳（Richard Wagner）[③]借塞格蒙德之口所表达的感情当然更是南辕北辙。塞格蒙德在他最后的决战前这样说："代我向沃坦问候，代我向沃尔霍尔问候——但你不要对我讲沃尔霍尔那易碎的幸福。"

但这种恐惧在班扬与利果里身上产生了完全不同的后果：这种恐惧使利果里面临着各种难以想象的自我羞辱，同样的恐惧却促使班扬与生活展开了一场不倦的、有系统的抗争。这一差异的源头在哪里？

乍看上去，加尔文主义在社会组织方面的无可置疑的优越性竟然与这样一种斩断个人和尘世的千丝万缕的联系的倾向紧密相关，实在令人困惑。但事实上，这种关系源于基督教倡导的"兄弟之爱"[④]在加尔文式信仰所导致的个人内心孤独重压下所采取的特殊形式。换言之，加尔文宗强调每个个体的精神孤立，从而将"兄弟之爱"驱逐出了世人已习惯的意义领域。

---

① 多林格为德国教会史学家，阿尔丰索为天主教道德神学家，死于1781年。

② 马基雅维利是意大利文艺复兴时期的重要人物，身兼政治哲学家、政论理论家、音乐家、诗人、浪漫喜剧作家和公务员多职，代表作为《君主论》和《论李维》。

③ 瓦格纳是德国作曲家，著名古典音乐大师，在德国歌剧史上举足轻重。同时因他在政治、宗教方面思想的复杂性，成为欧洲音乐史上最具争议的人物。

④ "兄弟之爱"也称"胞爱"，在基督教里，它的意思是指所有爱上帝的人，由于上帝也爱所有人，因此大家皆是兄弟，情同手足，彼此相爱，故称"兄弟之爱"。

这是由教义本身决定的。预定论者相信，世界的存在只是为了上帝的荣耀而服务，被选召者在尘世中的唯一任务便是尽可能地服从上帝的圣谕以增加上帝的荣耀。与此宗旨相吻合，上帝要求基督徒取得社会成就，那样才能更好地根据上帝的圣谕去组织社会生活，更多更好地增加上帝的荣耀。加尔文宗教徒的终极工作目标就是这样，那些非加尔文宗但同样笃信“天职”观念的人，也概莫能外。即使在路德身上，我们也能发现他在“兄弟之爱”与“天职”观念的因果关系方面做出的努力。当然，在路德那里，这仅仅是一个未定的、纯概念的设想。在加尔文宗那里，它才成为相关伦理系统的主要组成部分与鲜明特点。

“兄弟之爱”只能服务于上帝的荣耀，而不是为肉体欲望服务。如此，这种“兄弟之爱”首先必须表现在完成“天职”的任务中，这是自然给予人们的任务；渐渐地，完成这些工作开始具有了一种客观的、非人格化的特性：为我们社会的理性化组织的利益服务。因为根据《圣经》的启示及人们的天然直觉，我们所处的这个极有意义的组织结构以及整个宇宙的安排无疑是上帝为人类的便利而创造的，这样，非人格化的为社会利益服务的劳动也便是为了增添上帝的荣耀，这种劳动也就成为上帝的意愿。由此出发，彻底摒除曾经折磨过很多人的“神义论”问题（the theodicy problem）[1] 以及所有那些关于世界与人生的意义的问题，对清教徒来说便显得不言而喻，对犹太人也是这样，在一定意义上来说对所有非神秘主义类型的基督教会都是如此，尽管他们各自的理由可能完全不同。

除此之外，还有一种更进一步的力量出现在加尔文主义的力量布局上，

---

① “神义论”的核心问题是：在世界种种邪恶面前，我们怎能相信神是良善又拥有完全权柄的呢？换句话说，一切引致我们说“那真不应该发生”的事实，无论是自然的或道德的，都是“神义论”尝试解答的问题。

并在同一方向施加了影响：个人与伦理之间的冲突（即克尔凯廓尔[①]所说的那种冲突），对加尔文教来说不复存在，尽管该教要求个人对一切宗教事务完全负责。此处暂且不去分析导致这一事实的原因，以及它对加尔文主义在政治和经济方面的理性主义上所具有的重大意义。重点在于，加尔文宗伦理的功利取向正源于此，加尔文宗关于“天职”概念的特点也源于此。但现在我们必须回过头来，再次对预定论的教义加以考察。

* * *

对我们来说至关重要的问题是：在那个人们将来世生活看得比现世生活更重要的历史时期中，预定论教义是怎样产生的？又是如何被容忍的？我是不是上帝的选民——对每个信徒来说，这一问题或早或晚绝对会出现在面前。而且只要它出现，任何事情都将黯然失色。此外还有另一个问题：我如何确知自己会获得救赎？对加尔文本人来说，这个问题不存在。他感到自己是上帝遴选的代理人，并确信自己的灵魂会得救。因此，对于一个人如何确知自己是不是上帝的选民这一问题，加尔文基本上只提供了这样的答案：只要我们知道了上帝已经进行了拣选，我们就应该满足了。其他的就只能依靠那种出自真正的信仰的、对上帝的无比信赖了。加尔文反对这样的假设，不赞成通过在人们的举止行为上推论出他们是选民还是将要遭罚的人。对一个信徒来说，刺探上帝的秘密是不正当的企图。加尔文相信，上帝的选民在现世生活中与被罚入地狱的人外在并无差别。选民所有的主观感受，如“神圣化了的滑稽精神”，那些被罚入地狱的人也有可能体验到。但是也有例外，那就是被罚入地狱的人缺乏那种使人期待的“决定性”，那种对上帝的笃信

① 克尔凯廓尔是丹麦宗教哲学心理学家、诗人，现代存在主义哲学的创始人，后现代主义的先驱，也是现代人本心理学的先驱。终身隐居哥本哈根，以事著述，认为哲学的起点是个人，终点是上帝，人生的道路也就是天路历程。

不疑。因此，上帝的选民是并且永远是上帝的“不可见的教会”[①]。

正如通常发生的那样，指望加尔文的追随者们态度完全一致是不现实的。这种不一致性，最早在贝扎（Beza）[②]那里就变得很明显，对广大的普通教众来说更是如此。对他们来说，救赎的确定性问题，即确知自己是必将受恩典者之一，已被强化到了压倒尘世所有意义的地步。毕竟，只要预定论的教义被认可，那么是否存在明确的记号或绝对标准来确认谁是上帝的选民这个问题便无法回避。这一问题，在首先萌生于归正会[③]土壤中的虔信派的发展历程中具有中心意义。不时地，在某种意义上，上帝选民的身份确认在某种形式上还会成为虔信派的核心问题。在虔信派之外它也并非没有波及。当我们在下文中探讨归正会教义与圣餐仪式所产生的巨大的社

▶ 《但丁的小舟》

德拉克罗瓦 1822 年创作，取材于但丁名著《神曲》，又译《但丁和维吉尔共渡冥河》，藏于巴黎卢浮宫。画面上，头戴月桂花环的诗人维吉尔正引导他的伙伴但丁乘小舟穿越地狱；船头，一围裹着长条蓝布的赤身男子为其摇橹。浪花翻卷的河水中，几个被罚入地狱的人紧紧抓住小船不放；其中还有一位女子，水珠在她身上闪光。

---

① 在基督教中，教会可分为可见的和不可见的，信徒们惯常聚集在一起的，是可见的教会，而不可见的教会成员，只有上帝才知道是谁。在这里，韦伯强调的是确保蒙恩的教徒，而不是教会。

② 贝扎，法国改革派神学家，生于 1519 年，卒于 1605 年。

③ 归正会起源于荷兰，曾称“荷兰归正会”，后由荷兰移民带入美洲并逐渐扩散至全球。

会和政治的重要意义时，我们便能看到，整个16世纪，在虔信派之外，确知个人是否蒙恩起过多么大的作用。例如，一个人是否被准许参加圣餐①，完全取决于此，而圣餐则是决定一个人的社会地位的首要宗教仪式。

指望加尔文给出满意的答案是不现实的。在加尔文的相关阐述中，他从未正式弃绝正统的路德宗教义，他的原则始终是：坚定的信仰会产生救赎。这是不能令人满意的答案。尤其是在牧师们向信众宣讲预定论教义而信众所感受到的只有恐惧与痛苦时，加尔文的论述更加显得缺乏说服力。为此，牧师们遇到了各种困难。尽管这种困难以各种方式得到了阐释，但只要预定论教义不被重新解释或有意淡化，或者不从根本上被抛弃，那就必然会存在两种观念交织的牧师的劝诫。

一方面，把自己看作选民，把所有关于自己是否确切蒙恩的疑虑统统视为魔鬼的诱惑而加以排斥，这是信徒必知的纯粹而简单的责任。缺乏自信，首先是信仰不坚定的体现，而信仰不坚定相当于自绝于上帝的恩宠。至少，他已失去了获得上帝完整恩宠的资格。因此，使徒的告诫——信徒要“紧紧把握”自己的天职——便被理解为一种获得上帝选民资格的确定性。于是，充满自信的圣徒，取代了谦卑的罪人。之前，路德曾经许诺后者只要在悔悟的信仰中把自己的一切都交托给上帝就能得救，而之后，前者，也即加文尔主义培育的自信的圣徒，经常可以在资本主义英雄时期那些严于律己得近乎刚毅的清教商人身上发现，一直到现在依然存在。另一方面，一些牧师开始提供另一种劝诫。基于信众对于不确定自己是否蒙恩造成的痛苦，紧张的、世俗的、无休止的工作被推荐为获得关于个人归入选民之列的自信

① 圣餐是基督教各主要派别共有的重要圣事，其设立源于耶稣与门徒共进最后的晚餐时，掰饼分酒给门徒并说“这是我的身体”、“这是我的血”。基督教认为饼和酒是耶稣为救赎人类被钉于十字架的象征，一些派别认为耶稣以某种特殊的方式存在于圣餐中，但对于这种存在的方式各派说法不一，有些派别认为它只是一种形式所以根本不举行圣餐。

心的来源。工作，而且只有工作，能够驱散宗教疑虑，并赋予人蒙恩的确定性。

把世俗工作看作最适当的抵消宗教焦虑的途径的深层次原因，必须到归正会培育的宗教感觉的深层特性中去找。简言之，归正会在“因信称义”①这一教义上与路德宗有所不同，其特性也明显地体现在这种不同之中。其间种种差异，施奈肯伯格在他出色的讲演中有精微、客观且不带价值评判的分析，以下一些简单的结论大多直接取自他的讨论。

* * *

路德宗信众力求达到的终极宗教体验，就是与神的“神秘的合一”（uniomystica）②，16世纪的路德宗尤其如此。而归正会的信仰体系中缺乏这种体验。顾名思义，这是一种对上帝的实体感受，即神性确实进入了信仰者的灵魂的感觉。这在性质上与德国神秘主义者主张以冥想所达到的目的相近似，它们都以消极为特征，都消极地希望通过纯粹献身在上帝那儿得到安宁。

哲学史也表明，面向神秘主义的宗教信仰在经验事实方面，也可以与明确的现实感相互结盟并和谐共处。而且由于它拒斥辩证学说，宗教信仰还能

---

① “因信称义”区别于“行为称义”，所谓“行为称义”即指言行谨守神的诫命、律法、典章才能称义。“因信称义”，有广、狭两义：广义是指信仰是在上帝面前得到救赎的必要条件；狭义是指基督教新教尤其是路德派关于如何得救的教义。“因信称义”由路德首次提出，“称义”意即“成为正义的”。按基督教教义，人自犯有原罪以来，已失去理性能力，因而不能自行产生正义行为从而成为正义的人。成为正义的人只能由上帝的拯救而获得。中世纪神学强调圣功是获救的重要步骤，但后来流于形式，不重视人的行为与信仰。路德则强调信徒可以由于信仰而直接成为义人，这也是路德派的重要教义。“因信称义”认为“时常行善而不犯罪的义人，世上实在没有”。所有人都是戴罪之身。

② “神秘的合一”很明显是取自一些神秘主义者，此处可以简单理解为神秘的沉思，有些类似于东方的冥想。

直接证明这种现实感。进而，神秘主义甚至可以间接提高生活的理性化。然而，神秘主义与日常生活、工作的关系自然地展示出其对外部世界缺乏客观认同的缺点。此外，路德宗进一步将“神秘的合一”与因原罪[①](玷污了每个人）而产生的深重的卑贱感结合起来，这种感觉对信仰坚定的路德宗教徒保持那种“日常生活中的赎罪能力”至关重要，它帮助路德宗教众细致地维护那种为求得恕罪必不可少的谦恭和坦诚。

而典型的归正派系，不仅从一开始就弃绝了路德宗那种纯粹内向的、虔诚的精神状态，而且一上来就与帕斯卡寂静派[②]的躲避现世、逃离此世相对立。在归正会看来，神性真正渗入人的灵魂绝不可能，因为上帝是超验的。根据加尔文的说法，“有限者不能理解无限者”(fintum non est capax infiniti)。当上帝与他拣选的选民会合到一起时，前者只会以一种方式进入信徒的心中，那就是上帝在信徒们心中起作用，而信徒们意识到上帝的权能。也就是说，信徒意识到他们的行动来自由上帝的恩宠导致的信仰，而这种信仰反过来又通过其行动的性质而催生其自我肯定。

相关宗教派别在最终获救方面的深刻差异，就这样产生了，即信众要么感觉自己是圣灵的容器，要么觉得自己是神的意愿的工具，从而确信自己处于蒙恩状态。在前一种情况下，他的宗教生活倾向于神秘主义和感情主义，而在后一种情形里，其倾向则是禁欲行为。如果说路德接近前一种情况，那

---

① 基督教认为任何人天生即是有罪的，人们的罪先天地来自其祖先——亚当与夏娃。他们偷食了智慧之果，懂得了男女羞耻之事。原罪说在新教领袖路德与加尔文那里获得了极端的发挥，他们索性明指，任何人生来即是恶人，只有笃信上帝，才可能获得灵魂的拯救。

② 帕斯卡寂静派直接受帕斯卡影响，他是法国数学家、物理学家和宗教色彩十分浓厚的思想家。他认为人是完全地处于罪孽之中，要靠上帝的恩赐才能得到拯救，然而他同时也继承了理性主义的传统，对人性、人生、社会、哲学和宗教等问题进行过理性的探讨。

么加尔文宗则无疑属于后一种类型。加尔文的追随者们当然也想通过唯一信仰而得救，然而由于加尔文用怀疑的眼光看待所有纯粹的感觉和情感，而不管它们多么崇高，那么信仰也就必须以其客观效果来加以证明，以便为确定蒙恩提供坚实的基础。正如《萨伏依宣言》[①]中所说的：它必须是“有效的信仰”，或者说“有效的神召”。

倘若我们进一步问：加尔文教徒凭什么认为自己有能力辨认真正的信仰呢？答案是：凭自己过的是服务于上帝的、增添上帝荣耀的、有组织的基督徒生活。究竟怎样做才能获得救赎，取决于上帝的意志。而这一意志或者直接揭示在《圣经》里，或者间接地体现在他创造的有意义的世界秩序中。特别是，人们可通过将自己的灵魂状况与选民的灵魂状况相比较——按照《圣经》的说法就是和大主教相比——便可知道自己是否处在蒙恩状态。只有上帝的选民才拥有这种有效的信仰，只有选民才能通过自己的蒙恩和由此塑造的神圣化生活增添上帝的荣耀。所谓神圣化生活，是指实实在在的圣工，而非表面化的善行。信徒们正是通过这种意识以及由此导致的行为，去求得加尔文宗的最高报偿——救赎的确定性。同时他们也有这样的意识：救赎的确定性，不仅是上帝的意愿，而且应该说是由上帝促成的。

《新约·哥林多书》第二卷第八章第五节也为此添加了注脚，即无论善行作为一种获得救赎的手段是多么的无用，因为即便是选民也仍然是世俗的血肉之躯，他们做的一切离上帝的要求还无穷远，可是善行又是必不可少的，它是成为选民的标志。归纳地说，善行不是用来购买救赎的，而是用来消除被罚入地狱的恐惧的技术手段。在这个意义上，善行有时被看成救赎的必须，或者说直接与救赎相关联。

---

① 《萨伏依宣言》根据《威斯特敏斯特信纲》制定，其整体基调是乐观的。参与这一宣言制定的古德温和尼伊是威斯特敏斯特宗教会议的重要参与者，另外3位（欧文、格林黑尔、豪维）则是清教徒神学家。

在实践层面上，这意味着上帝只帮助自助的人。因此，有时人们会说加尔文教徒自己创造了救赎，这绝不是夸奖，而是批评其对得救的信念不够坚定。这当然是相对泛天主教教义而言的，在天主教教义中，救赎的确定性与个人所做善行的多少无关，它只存在于全面系统的自我控制中，而这种自我控制时刻面临着冷酷的抉择：我是成为选民，还是沦入地狱。由此，我们也进入了本研究非常重要的阶段。

* * *

如我们所知的，上述思想在归正会及其各宗各派中得到了越来越明确的阐述。然而，这种思想曾一再被路德宗指责，指责它回到了“以行事获拯救”的教义。尽管加尔文宗反过来指责说，他们的观念与信条跟天主教教义绝不可以混为一谈，对此，我们在这里也可以给予理解。然而，如果来自路德宗的指责具体是指相关观念给普通基督徒的日常生活带来的实际后果的话，那么，这一批评也是成立的。因为比加尔文宗信徒对道德行动的宗教性评价更为强烈的形式也许还从来没有过。然而，对于这种“善行救赎说”的实际意义最为重要的到底是什么这一问题，则必须潜入其特殊性质的宗教认知中，正是这些特性形成了他们的伦理行为的独特之处，并使之与中世纪的基督徒的日常生活区别开来。

二者的不同之处，大致可以这样来概括：标准的中世纪天主教信徒过着极其单纯的伦理生活。首先，他认真地履行那些传统的责任。而在传统责任之外，他的善行不一定要与之相联系，至少不必形成理性生活体系，而往往只是些独立行为。他可以利用善行来为某些特殊罪孽赎罪，改善自己获得拯救的机会，或者在生命快要结束时以此为保险金。当然，天主教的伦理是一种意图的伦理。而这导致有时单独一项行为的具体意图便决定了这项行为的价值。于是，孤立的行为——好的或者坏的——被记在信徒账下，既影响他在俗世的生活，也决定了他的永恒命运。天主教会非常现实地认识到，人并不是一个可以绝对清晰地界定的统一体，不能用非此即彼的方法来判断，人的道德生活通常受到相互冲突的动机的影响，因此他的行动也是矛盾多变的。当然，作为理想，教会必然会要求信徒的生活在原则上向着遵从上帝的方向转变。不过这一要求反过来也被天主教会最重要的权力与社会化的机制——忏悔——削弱。忏悔，与极端天主教的渊源有着深切的交织。

在致力于宗教世界理性化方面，具体来说便是“驱除巫魔”，以杜绝“魔力救赎论”，这方面天主教徒从未像清教徒（在清教徒之前还有犹太教徒）那样来得彻底。对天主教徒而言，教会的忏悔和赦罪仪式是对其自身不完善的一种补偿。而教士就是运行这种奇迹的魔术师，他握着通向永生的钥匙。人在悲伤时和悔悟时向他求助，他就会带来赎罪的机会、恩宠的希望和恕罪的诺言，使人们从可怕的紧张状态中解脱出来。相反，受严酷的命运支配的加尔文教徒注定要经受这种紧张的、不容任何缓和的状态。对他们来说，这么好、这么人性化的慰藉是不存在的。他不能指望彼时的、强化了的善意和善行来弥补此时的信仰不坚定，而天主教徒甚至路德教徒却能这样。根据加尔文宗教义，上帝要求信徒的不是个别的善行，而是一生的善行，且要强化为完整体系。这里没有天主教那种富有人性的循环，即罪恶—忏悔—赎罪—解救—新的罪恶……这里也不存在任何平衡美德与罪恶的机制，包括临时性惩罚或恩宠等教会惯用

▶ 笛卡尔

的手段。

这样，在加尔文宗，一般信徒的道德行为便不再是无计划的、非系统的，而是从属于一种逻辑一致的、有条理的组织秩序。“循道宗”这个名称与18世纪最后一次大规模清教思想复兴的倡导者的名字联系在一起，绝非偶然，正如“谨严派”（本质上与“循道宗”一样）这个词适用于他们16世纪的精神先驱一样。因为只有彻底改变体现在每一时刻、每一行动中的全部生活的意义，才能确保恩宠的效果，把人从“自然状态”转变为“蒙恩状态”。

拯救——是宗教信仰者共同的、超验的目的。也正因如此，他们在现世的生活必然是彻底理性化的，不然就谈不上增添上帝的荣耀。“一切都为上帝的荣耀”，这句格言被前所未有地、严肃地奉行着。但没有永恒思想的指引，克服“自然状态”便成为一句空谈。于是笛卡尔[①]的“我思故我在”被同时代的清教徒拿了过去，从伦理角度重新加以解释。这一理性化过程赋予了归正会信仰独特的禁欲倾向，这种倾向则构成了其与天主教的内在亲和性及冲突的基础。因为天主教对这类发展并不陌生。

* * *

无论外在还是内涵，基督教禁欲主义无疑都包含着很多不同的方面。但是早在中世纪，甚至在更为久远的历史时段，禁欲主义就其最高形式而言，便具有一种彻底理性的特征。于东方式的修行生活而言，西方修行生活的区别点与巨大历史意义，也恰恰以这种理性特征为基础，虽然并非完全如此，但总的来说是这样。在圣·本尼狄克的教规里，特别是在克吕尼修道院的僧

① 笛卡尔在哲学上是二元论者，并把上帝看作造物主。但笛卡尔在自然科学领域却是一个机械论者，这在当时是有进步意义的。作为欧洲近代哲学奠基人之一，他被黑格尔称作“现代哲学之父”。他自成体系，熔唯物主义与唯心主义于一炉，在哲学史上产生了深远的影响。

侣和西多会教徒身上，最后，最集中地体现在耶稣会[①]教徒身上，修行生活已从杂乱盲目的遁离此世和荒谬的悲剧英雄式的自我折磨中解放了出来。取而代之的是有组织的、系统化的、完全定型的、理性化的生活，目的是克服“自然状态”，使人摆脱非理性冲动的影响，摆脱对外界和自然的依赖。这样的生活试图使人服从一个至高无上的、带有某种目的的意愿，从而使他自行控制自己的行为，并认真考虑自身行为的后果。这样的生活实际上是把修行者训练成了为上帝的天国而服务的工人，相应地，从主观上看，也确保了他的灵魂最终得救。

这种积极的自我控制，不仅构成了圣依纳爵[②]的修行目标，也是其他一切合乎理性的修道士的美德的基础，同时它也营造了清教定义的理想化的实践生活。在关于清教徒殉教者的审判记录中，人们可以看出清教徒那种冷峻的矜持和轻蔑，与那些尊贵的上等教士和官吏毫无节制的咆哮相互辉映，这些滴血的史料是对清教徒殉教者实质上的迂回的推崇。这种推崇延续到今天，仍然是最典型的英美绅士的特征。总结起来说就是：清教徒就像所有类型的禁欲主义本身，他们力求使人坚守“恒久的动机”并据以行事。这种“恒久的动机”当然应该是清教教义范畴之下的，不过无论如何都不能依赖

---

① 圣·本尼狄克于公元529年创立了本尼狄克派，他首订教规，规定入教者不可婚娶，不可有私财，一切服从长上。每日必须按时进经堂诵经，余暇从事各种劳动，游手好闲被视为罪恶。克吕尼修道院建立于910年，该修道院发起过天主教改革运动，其观念概括起来说就是：可以借着逃离世界、禁欲修行的方式使人减灭罪恶本性，达臻圣洁。西多会又译西都会，因会服为白色，教士又称白衣修士，始建于1908年。该会奉行本尼狄克派主张，推行静默、祈祷、垦荒等隐修制度。耶稣会创立于1534年，它不再奉行中世纪宗教生活的许多规矩，如必须苦修和斋戒、穿统一制服等，其组织特色是中央集权，会士主要从事传教、教育，并组成传教团，积极宣传反宗教改革。

② 圣依纳爵是西班牙人，他是罗马天主教耶稣会的创始人，以在罗马天主教内进行改革，对抗由路德等人所领导的基督新教宗教改革著称。

感情冲动。从心理学层面看，“清教”这个词的含义大致可以定义为“试图使人具有一种人格”。与很多流行的观点相反，清教的目标是使人能够过上一种警醒、明智的生活，如此，摧毁源自人性本能的冲动性享乐就构成了其最紧迫的任务，而将信徒的生活秩序化，则是禁欲主义的通常手段。

上述这些决定性的主题，在天主教的修道院生活规则中和加尔文宗教徒准则中，都受到特别强调。二者强大的开拓力正是建立在这种对教徒的整体的理性化的控制之上，特别是与路德宗相比，加尔文宗这一特征，为它提供了作为战斗教会来保卫新教运动的能力。

与此同时，加尔文教禁欲主义与中世纪禁欲主义的不同之处也显而易见。这主要表现在源自天主教教阶体制的“劝诫”特权（也称“福音商议”）的消失，以及随之而来的从禁欲向世俗活动的转变。这并不是说天主教曾把那种有条理的生活局限在修道院的密室里，无论在理论上还是在实践中都不是那样。恰恰相反，而且早有人指出过，尽管天主教在伦理方面节制更多，但它倡导的那种缺乏系统性的伦理生活并不能满足它树立的最高理想，也不能为信徒树立现世的生活理想。

例如，圣方济各的第三条诫令就是一次强有力的尝试，它力图使禁欲主义渗入到日常生活中去。而且，我们也清楚，这样的深度绝不止一次。事实上，正如《基督的门徒》[①] 这类著作以其影响强烈的方式所表明的那样，它们所宣扬的生活方式会让读者自愧不如。毕竟，普通信徒所奉行的日常道德不过是信仰的最低限度而已。而且，即便是日常道德，也不能根据清教已经开始要求的标准去评估。进而，某些天主教会对某些习俗的利用——最突出的

① 托马斯·坎普著，号称“圣经之外对基督徒影响最重要的作品”。托马斯·坎普，德国天主教修士，神秘主义者。所著的《基督的门徒》一书，强调“灵性生活”，而呼吁人们看轻物质，并大力推崇圣餐礼，因为他相信圣餐礼可以坚振信德。此书极大地影响了近代虔敬主义。

莫过于赎罪符——不可避免地阻碍了系统的、现世的禁欲主义的发展。正是因为这个原因，这种利用在宗教改革时期被认定为教会根本的罪恶，而不是什么无关紧要的滥用。

这一决定的差别还涉及另一重要事实。那就是，在中世纪，一个能够过上这种宗教意义上的纯粹理性生活的人，只是——而且只能是——僧侣。因为，禁欲主义对一个人影响越深，就越是把他推离日常生活，直至赶进修道院，当时的观念就是那样。路德首先废除了这种模式，而加尔文宗直接从他那里继承了这一态度。不过，路德并没有遵循什么发展规律，而是按照自己的个人经验来行动，这导致他在一开始时有点儿不太确定，并且一度将之摒弃，只是后来的政治形势为他提供了助推。

塞巴斯蒂安·弗兰克[①]曾一语道出其中心特征：每个基督徒都必须终生做僧侣。他恰恰也在这个事实中看到了宗教改革的意义。可是，一堵大堤挡住了禁欲主义摆脱日常世俗生活的潮流，那些虔诚的、具有宗教灵性的人，只好被迫在世俗事务中追寻自己的禁欲理想，而在以前他们通常会被当作最佳人选送进修道院。

但加尔文宗在其发展过程中为其增添了某种积极性观念，即必须在世俗活动中证明一个人的信仰，由此便给更为广大的、具有宗教倾向的人提升了一种明确的实行禁欲主义的动机。通过将其伦理建立在预定论教义上，加尔文宗得以确立其精神贵族，即那些今生今世即已被确立为上帝选民的信徒，以替代以往的精神贵族，即出世、超然的僧侣。无论是新贵族，还是旧贵族，他们都有其“不可毁的特征”。相较中世纪的僧侣与世俗社会的分离，加尔文教的精神贵族与那些将被永远罚入地狱的同类之间的鸿沟，更加不可逾越。而且由于它不明显、不刺目，这道鸿沟变得更加可怕。它粗暴地侵入一

---

① 塞巴斯蒂安·弗兰克是德国哲学家，其名言“别把孩子和洗澡水一起倒掉”家喻户晓。

切社会关系，以至于选民那种已获得蒙恩的意识与其对待邻居的罪孽的态度在这里可以并存。

这里所说的后一种态度，不是那种基于对自身弱点的了解而富有同情心的理解，而是充满仇恨和轻蔑，从而把邻居看成上帝的敌人，打上永远被惩罚的标志的态度。这种感情激烈至一定程度，就会催生一些宗教派别。16世纪的“独立派运动”[①] 正是如此。这样的运动，也发生在真正的加尔文宗信仰（加尔文宗主张上帝的荣耀要求那些沦入地狱的人通过教会服从上帝的戒律）为另一信念所压倒时。一个非选民进入教堂，并参加各种圣事，甚至成为牧师，执掌圣事，无疑是对上帝的侮辱。于是，为了确保教会的纯洁，在教会里出现了多纳图派思想[②]，正如加尔文教里出现了浸礼宗一样。教徒们要求确保教会的纯洁，要求建立一个由业已证明是处于蒙恩状态的信徒组成的团体，以加持他们的信心。但众多宗派的形成并不等同于信徒们期待的实现。新的教规不断出炉，但也只能做到：尽量把能够获救和不能获救的基督徒区分开。而且必须要给选民留下一个特殊的位置，如教会执事或牧师。

* * *

禁欲主义者很自然地在《圣经》中找到了可以用来检查自己的标准，显然还是它所需要的那种标准。值得重视的是，加尔文宗历史上那些著名权威信守并经常提及的是《旧约》，因为里面的格言与《新约》中的格言一样，

---

① 很多国家都有“独立派运动”，此处所说的独立派是英国革命中清教徒的一个派别。它产生于16世纪末，主要包括公理会、浸理会等派别。主张信徒独立体会上帝的意旨，教堂各自独立，由全体信徒直接管理。各教堂之间只有联合性质，并无隶属关系。专业牧师由教堂全体信徒聘请。

② 多纳图派是早期基督教派别，由迦太基主教多纳图创立于3世纪，成员多为奴隶和隶农。多纳图派认为教会是义人的教会，罪人无份，主张只有义人施行的圣事才有功效，主张返回原始基督教和财产公有，反对教会国家同盟，反对大土地领主和罗马官吏。

都是通过神谕得来的，因此也该受到同样的尊敬。很明显，它们不应该只适用于古代希伯来人，更不应该被明确否定掉。对信徒来说，上帝的期望是作为理想给出的，即使永远无法达到，也应该作为一种垂范。相反，对路德来说，至少在起初，他的立场恰好相反：他赞美摆脱了《旧约》训诫的自由，认为这是信徒神圣的权力。

▶《圣母与圣婴》

《旧约》中的箴言集和诗篇，最为清教徒所喜欢，其间希伯来人那种既敬畏上帝又理智冷静的智慧，几乎影响、塑造了清教徒对生活的全部态度。特别是清教对宗教的神秘面的理性压抑，已经桑福德确切且正确地归因于《旧约》的影响。

然而，《旧约》的理性主义本质上还属于小资产阶级和传统主义的类型，不仅和伟大先知们无边的悲悯混杂在了一起，其中还混杂着另外一些因素，它们早在中世纪就曾促进过一些基于情感的宗教的发展。说到底，是加尔文教那独特的、从根本上说是禁欲的性质选择并同化了《旧约》宗教中最适合于加尔文教的成分，而不是其他。

围绕伦理原则组织起来的生活的系统化，对加尔文宗新教禁欲主义和天主教修道院内的生活的理性形式来说是相同的，区别只在于，这种系统化在虔敬的清教徒对自己的蒙恩状态不间断的进取中表现得日益粗浅、日益外在化。当然，极其狂热的归正宗诸教派和近代天主教某些部分（特别是在法国），首先是由于耶稣会信徒的影响，都有“宗教记账簿”，里面罗列着种种罪恶、诱惑和争取蒙恩的善行。但在天主教那里，记账只是为了使忏悔完整全面，是为使信徒忏悔的方便而设，同时为信徒（大多数是女性）提供权威性指导。而记账簿对归正会基督徒来说，主要是用来体察自己的意向，“感受他自己的脉搏”。几乎所有的道德家和神学家都提到过这种记账簿，本杰明·富兰克林那本记录他在不同美德方面的进步的簿子，尽管表格化了，而且像统计数字，却不失为经典范本。另外，早在中世纪甚至更早就有的上帝的记账簿的说法，被班扬推到了一个极其不雅的极端，他把罪人与上帝的关系比喻成顾客和店主：无论是谁，一旦负了债，尽管可以通过各种善行侍奉上帝以偿还累积的利息，却永远也还不清本金。

后来的清教徒在审视自己的行为的同时，也开始审视上帝的行为，并在生活的每一细节上都看到了上帝的指印。而且与加尔文教的观念极端相反，清教徒还知道上帝为什么这样做或那样做。使生活神圣化的努力，就这样几乎具备了商业的特征。对整个生活进行全面基督教化，是伦理行为条理化的结果。而与路德宗明显不同的加尔文教，迫使人们采取的正是这种伦理行为。如果不能看到它对实际生活的决定性影响，就不能正确理解加尔文教的影响。另外，我们要看到，加尔文教正是利用这个因素才产生了这样的影响，但其他各派也必然受过相同的影响，因为它们的伦理动机都浓缩为关键的一点——确保蒙恩的教义。

＊　＊　＊

至此，我们的讨论范围仍仅限于加尔文宗，而且我们一直假定预定论是清教道德的教义框架。这种假定的根基，是其影响范围已远远超出了“长老宗[①]”——一个在所有方面都恪守加尔文教原则的宗教集团。这一教义不仅包含在1658年的独立派的《沙瓦宣言》中，而且也包含在1689年汉塞德·克诺里[②](Hanserd Knolly) 的浸礼宗《信纲》里。尽管身为这场运动的出色组织者，约翰·卫斯理相信恩宠的普遍性，但第一代卫斯理派中伟大的鼓动家之一和卫斯理宗中始终如一的思想家怀特菲尔德[③]对此教义坚信不疑。一度颇有影响的，是以汉丁顿夫人[④]为核心的那一派，也是同样的情形。正是这种保持了高度一致性的教义，在决定命运的16世纪里，坚定了那些富有战斗精神的神圣生命的捍卫者的信仰，使他们确信自己是上帝手中的武器，是他的天意的执行者。此外，它还避免了过早地堕落为一种在尘世行善的纯粹功利主义学说，那样一种教义是不足以激发人们为浪漫目标作出如此巨大的牺牲的。

将绝对预定论、上帝的彻底超验论和对绝对有依据的规范的信仰三者结合起来，就其本身意义而言绝对是伟大的天才的产物。同时，这种结合要比那种较为温和的教义更具现代性，因为后者对使上帝从属于道德规范的情绪作了较大让步。最重要的是，我们将不断看到“确保蒙恩”这个思想对我们

---

① 长老宗：英国清教运动中，清教徒中的一派，因其反对英国国教的主教制，提出以选举产生的长老荣任主教之职而得名。此外，在革命初期，此派成员还颁布了一系列法令保障工商业的发展，着手进行对封建制度的改造，在国会中一度处于领导地位。但由于它奉行排他的经济政策，又主张向国王妥协，在1647年、1648年先后两次被激进的独立派清洗出国会。

② 汉塞德·克诺里生于1599年，卒于1691年，其宣称“不是为了上帝的荣耀而做的善事都是有罪的”。

③ 怀特菲尔德被誉为“18世纪搅动欧美的大复兴家，保罗之后最杰出的传道人”。他毕业于牛津大学，一生13次横渡大西洋，经常对几万人讲道，34年中总共讲道3万多次。

④ 汉丁顿夫人是怀特菲尔德的门徒，她在威尔士把怀特菲尔德的追随者组织成一个紧密的加尔文宗——循道宗团体。

讨论的问题具有根本意义。它是理性伦理学的心理基础，而作为这种心理基础所产生的实际意义又可以完全在预定论里加以研究，那么我们便从这里入手，从这个教义最富有一致性的形式开始。在下面将要论及的各宗派中，这个思想形成了一个不断重复出现的框架，可以用来联系信仰和行为。在新教运动内，它不可避免地影响了最初那些信徒的行为中的禁欲主义倾向，其结果与路德主义那种相对来说无助的、绝望的道德观形成了鲜明对照。路德式的“可失的恩宠”尽管可以通过幡然悔悟重新获得，但其自身并没有核准禁欲主义新教的一项重要结果——对我们来说是最重要的结果——那就是系统地、合乎理性地安排整个道德生活。路德宗信仰几乎没有触及一时冲动行为和天真幼稚感情的自发性活力。阴郁的加尔文教的教义所有的经常性自我控制和对自己的生活进行精心规范的动机在这里也不存在。像路德这样的宗教天才便可以毫无困难地生活在这样一种开朗和自由的环境里，而且只要他有足够的热情，便不会有重新掉回“自然状态”之虞。这种外在形式在很多典型路德宗教徒身上逐渐成为一种装饰，就像他们自由而又自发的道德。而在真正的清教徒身上却很少出现同样的情形。但在诸如胡克（Hooker）①、奇林华斯（Chillingsworth）② 等人的较温和的英国国教那里，却有更多案例。而对普通的路德宗信徒来说，也包括一些有才干的路德宗信徒，他们确信，一次发自内心的忏悔或训诫，可以使他们暂时升到“自然状态”之上。

在宗教改革年代，归正会和路德教的道德标准之间的巨大差异到了令人吃惊的程度。路德宗的一些主要人物往往因为酗酒和庸俗而名声扫地。此外，路德宗广大信徒的不可救药——其只强调信仰，而且反对有禁欲倾向的

① 胡克是英国重要的神学家，他所撰写的《论教会国家组织的法律》是宗教改革时期英国国教的经典著作。这部著作诞生于胡克与清教徒的辩论之中，为反驳清教徒的攻击、支持伊丽莎白女王的宗教政策提供了理论依据。

② 奇林华斯是圣公会的名人，生于1602年，卒于1644年。

浸礼派运动——众所周知。典型的德国品格呈现为自然随和，和英美环境下对自发性自然状态的彻底破坏所带来的后果形成鲜明对比，这种区别也往往表现在人们的面部表情上。德国人习惯于将英美人定义为狭隘、拘泥和精神抑制。其实这种行为间的显著差异很明显肇始于路德宗中禁欲主义对生活的渗透程度不如加尔文宗中那么强烈。进一步说，那是由于路德宗关于蒙恩的教义缺乏从心理角度的有系统的推动，从而不能促进生活的理性化造成的。

这一指向生活的有条理的理性化的动机，决定了该教派的禁欲特征，但这种动机无疑能够通过形形色色的教义被生产出来，我们马上就会看到这一点。加尔文的预定论只不过是可能性之一。然而，通过上面的阐释，我们现在已经信服就其自身来说预定论不仅具有独一无二的逻辑一致性，而且其心理效力也极为有力。相形之下，非加尔文宗的禁欲运动，完全从宗教动机的角度来看，在内在一致性和威力方面明显不如加尔文宗。

虽然在实际的历史发展中，情况并非总是如此，但大多情况都是如此，即加尔文教的禁欲主义或是被其他禁欲主义运动模仿，或是成为其灵感源泉，或是被当作比较与补充的参照点。尽管教义基础可能会有不同，但只要有相似的禁欲特征，一般都可以说是教会组织带来的结果。关于这一点我们将在另一场合讲到。

B. 虔信派

从历史上看，预定论教义也是通常称之为“虔信派”的禁欲主义运动的出发点。由于这场运动只是归正会的内部运动，因此，几乎不可能在虔信派和非虔信派的加尔文教徒之间画一条界限。有时，几乎所有清教主要代表人物都会被归入虔信派教徒之列。进而，把预定论教义和“确保恩宠获得”的观念（以及对这种恩宠获得的根本兴趣本身）之间的全部联系看作虔信派对最初的加尔文学说的扩展，也是合理合法的。

禁欲主义在归正会内部的复兴，通常（特别是在荷兰）都伴随着预定论的复苏。而在此之前，预定论要么是被暂时忘却，要么就是可行性降低。出于这一原因，在英国，人们通常都不使用“虔信派”这个术语。

不过，即便是欧洲大陆（荷兰和莱茵河下游）的归正会内的虔信派，它们首先也仅仅是归正会禁欲主义的强化，正如贝雷的宗教学说一样。由于人为地将教义的重点导引向“在日常生活中虔诚的实践”，以致真正的教义被推到了幕后，甚至常常变成一种可有可无的东西。受其影响，那些预定要得到救赎的人就算偶尔犯些违反教条的过失和其他一些罪过，也无伤大雅。并且事实表明，很多信徒会认为自己的信仰会随着时间延长而效力加强，事实上这是根本没受过基本的神学教育的表现。反过来说，通晓神学知识也无助于确定的救赎，一个人的行为与其真正的信仰无论如何也不能完全画等号，这是非常浅显的道理。

因此，一个人是不是上帝的选民，根本不能通过神学知识加以证明。出于这一原因，虔信派，尽管它在形式上属于神学家们的教会（这也是它的一个特点），却对教会深深地不信任，并开始把那些“虔诚的实践”的追随者聚集到秘密的宗教集会中。虔信派这样做，是希望使选民的“不可见教会”在这个世上变得可见。因此，尽管它没有发展成一宗，但其成员却力图借由秘密团体的保护与隔离作用，过上一种摆脱尘世诱惑、在一切细节上都按照上帝意旨行事的生活，以寻求自己已获得上帝选民资格的确定性。也就是说，所有真正意义上的虔信派团体，都希望通过强化了的禁欲主义来享受此生就与上帝合一的极度喜悦。

这显然是一种与路德的“神秘的合一”相类似并且密切相关的倾向，它

▶ 莱茵河

时常会导致一些超出正统加尔文宗教徒所能接受的宗教情感。事实上，从我们的观点来看，这正是在归正会土壤上发展起来的虔信派的决定性特点。这些宗教情感最初对加尔文宗来说是完全陌生的，但它又与中世纪某些宗教形式相关，这些形式在实践宗教信仰中开辟了新路，即引导人们努力争取在此世获得拯救，而不是为了来世的确定性而苦苦禁欲。不仅如此，由于这种情感来得过于强烈，以致宗教信仰形成了近乎歇斯底里的特征，进而导致半意识的宗教迷狂状态和周期性神经疲劳的交替（这有无数例证，并且符合神经病学），而神经疲劳周期则被解释为被上帝抛弃的表现。其结果是与清教体系中严格而有节制的教规发生直接对立。这就是说，虔信派的目标是削弱那些旨在保护加尔文宗教徒的理性人格免受情欲侵扰的那些禁令。同样地，加尔文宗教义中所有肉体欲望皆为堕落的观点也必然导致个人从事世俗活动时进取心的削弱，乃至死亡。即便是预定论教义本身，如果与理性的加尔文主义倾向相反，沉溺于情绪与情感，也可能导致宿命论。最后，这种强烈的情感会导致把选民和世人分开的欲望，进而导致一种具有半共产主义性质的、类似修道院的团体产生，虔信派的历史反复表现出这一点。

不过，只要虔信派适当控制其情感强度，就不会出现相应的极端后果；只要它把获得救赎的确定性的途径转换到现实的、世俗的职业中，那么它反而会更加严格地禁欲式地控制教众在世俗职业中的行为，从而为其伦理观提供比正统归正会基督徒更稳固的宗教基础。归正会基督徒被自我感觉良好的虔信派教徒看作二流的教徒。在虔信派内部，由选民组成的宗教贵族阶层——这种阶层在加尔文宗的每一流派内都有发展，而且越是严肃认真地执行禁欲主义它就越是肯定会发展——于是，在自愿的基础上，在教会内部，以秘密集会的形式组织了起来，正如我们在荷兰所看到的那样。在英国清教中，它也部分导致了教会组织内部积极的基督徒和消极的基督徒的实际分离，促进了宗教派别的形成。

* * *

在德国，虔信派以路德宗为基础，斯彭内尔、弗兰克、亲岑道夫等人是在其发展过程中的重要人物，但他们却带着德国虔信派偏离了预定论教义。然而，它又没有绝对背离以预定论教义为必然顶点的相关观念主体。这一点，斯彭内尔本人就是个好例子：他曾经描述过英国和荷兰的虔信派对他的影响，也曾在他组织的最初的几次秘密集会上宣读贝雷的著作。

不管怎么说，从本文特定的角度看，虔信派不过是意味着循规蹈矩的生活和必不可少的控制（前者是禁欲，后者是禁欲的保障）渗入加尔文宗各派的产物。而路德宗则把这种理性的禁欲主义视为异己，德国虔信派的教义从而缺乏根本上的一致性。斯彭内尔把路德教的观点和加尔文教特有的善行教义（相关善行都是为了“为上帝增添荣耀”）结合起来，为成体系的宗教派

▶ 与世隔绝的悬崖“空中修道院”

位于希腊中部，地貌独特而壮观。

别作了理论奠基。同时，斯彭内尔还信仰一种至少与加尔文教观念相似的观点，那就是相信选民可以通过某种程度的完美来确认。

然而，斯彭内尔在逻辑上不能自洽。他深受神秘主义影响，力图以一种不大确定但本质上是路德式的方法——描述大于论证——为基督徒描绘出成体系的生活方式，而从未试图从信徒的世俗努力中推导出救赎的确定性。他不认可确保蒙恩的观念，而是采纳了路德的多少有点儿松弛的关于信仰与善行相联系的观点，我们在上面已经讨论过这点。

由于虔信派的理性的、禁欲的因素大大超过其情感的因素，所以对于我们的论题具有根本意义的那些观点，才能得以长久地保住自己的地位。这些观点是：

（1）信徒一丝不苟地奉行上帝意旨，同时有条不紊地向着个人完善发展，就是处在蒙恩状态的标志。

（2）上帝把一些人列为选民的原因之一，便是上帝需要通过选民来展示自己的意志。也就是说，上帝必然会在选民身上展示出相应标记，但人们需要耐心等待和理性反思。对此，弗兰克说得更具体，他认为干好自己的天职也是一种出色的禁欲手段，他坚信上帝就是通过选民的事业成功而降福于他们的。清教徒也这么看，正如我们下面即将看到的。

以上的情况就是如此，为了找到更好的表达代替那些不合理的，虔信派用一种在表达本质上与加尔文教一样，不过又比它看起来要更加温和的手法，制定出一系列的观点，这些观点的基础就是建立起一个上帝拣选的有着特别恩宠的选民贵族阶层，从而导致了上述那些心理后果。

用例子来说明问题，在上面这些观点中，有一个“忏悔限期论”的说法，这一观点常常却是不公平地被那些反对虔信派的人，把错误责任都算在虔信派的头上。这种观点是这样的：上帝的恩宠是赐给所有尘世之人的，不过，对不同的个体而言，要么是在一个人的生命中某一个确定的关键点赐给这个人，要么是在这个人人生的最后的某一个时刻赐给这个人。不论是谁，只要是错过了这一关键点的人，都不能获得上帝给予的普遍恩宠给人生带来的实际帮助；这样的一个人就会处于一种与加尔文宗教义所说的那种情况：与那些被上帝遗弃的人处于同样的状态之中。

弗兰克从自己个人体验中提炼得出的观点与这一理论极为相似，这个观点就是：上帝的恩宠只实现于特定的情况之下，即是说，这个恩宠存在的基础就是先有忏悔，然后才会奏效。这一观点广泛流传于虔信派中。但根据虔信派教义，并非人人都能有这样的体验，所以，有的人尽管已经采用了虔信派指导的禁欲方法，不过还是没有得到恩宠，而在重生的人看来，这些人就属于消极的基督徒。另外，由于创造了这种可以忏悔的方式来获得上帝给予的神圣恩宠，也成为一种合乎人类理性的目的。

另外，出于蒙恩仅是少数人的福利的观点，也有人对在私人密室中忏悔这样的做法提出异议，虽然不是每一个人都会这样去做，如弗兰克，但这样的做法的确属于许多虔信派教徒的共有特征，就像斯彭内尔不断重复提出的疑问所展示的那样，特别地成了虔信派牧师身上的一些标志性记号；这种反对的声音也削弱了它与路德宗之间存在的联系。使用忏悔的途径而获得的上帝恩宠，只有对人的行为产生实际的效果，才对释罪具有决定性。而仅仅有忏悔，显然是不够的。

亲岑道夫个人的观点是，他的信仰立场虽然在面对来自正统派的抨击时存在摇摆不定的情况，不过整体而言，其趋向靠近工具论[①]。不过，除了这些以外，这位十分杰出的宗教的业余爱好人士——这是里敕尔[②]对他的称呼，他的学说的立足基础，几乎不能用我们重要的论点去进行清晰的系统阐释。他一再强调他自己是保罗—路德基督教的标志性人物：所以他反对因本身严守规则、并为此与詹森[③]联系起来的虔信派类型。不过，事实上，弟兄会早在1729年8月12日的《草约》上，就主张了一种观点，并且在不同方面都与加尔文宗选民贵族的观点非常类似。虽然亲岑道夫反反复复强调自己属于路德宗，而他依旧认可与鼓励了这一观点。这一点在1741年11月12日他将非常有影响力的《旧约》认为是基督预备的著名做法上可以得到证明。

---

① 《工具论》，古希腊哲学家亚里士多德所著，是一部探讨逻辑学的论文集。全书共收录了《范畴篇》《解释篇》《前分析篇》《后分析篇》《论辩篇》《辨谬篇》六篇专论。

② 里敕尔是德国新教神学家，曾任波恩大学和哥廷根大学教授，他认为宗教是实践和体验的问题，主张神学摆脱形而上学的影响，返回上帝在基督身上的历史性启示，并特别强调“上帝之国”的观念。著有《神学与形而上学》《称义与和解的教义》《虔敬主义史》《古代公教会的形成》等，作为自由主义神学的代表，其思想影响甚大，被后人称为“里敕尔主义”。

③ 詹森是17世纪荷兰天主教神学家，其追随者被称作詹森派，该派反对耶稣会的道德论（或然说），遵从恩宠论，认为得救只能靠上帝恩宠，主张虔诚地严守教会法规。

不管怎样，弟兄会具有的三个支派之中，加尔文和摩拉维亚，这两个支派都从一开始就在根本上接受了加尔文宗的伦理思想。就连亲岑道夫也追随清教徒向约翰·卫斯理传达了这样的观点，即虽然一个人自己无法获知自己的蒙恩状态，但别人却能从他的表现中，感知到他是否得到上帝恩宠的信息。

不过，在另一方面来看，只要进入摩拉维亚兄弟会与众不同的虔敬深处，就可以看到其中情感这一因素早就占据着无比重要的分量。尤其是亲岑道夫曾持续性地试图按照自己的努力与清教的禁欲主义神圣化倾向进行斗

▶ **联合弟兄会**

捷克摩拉维亚在基督教历史中占有重要的地位，它被认为是教会改革复兴的里程碑。15 世纪初叶，波希米亚改教领袖约翰胡司 (John Huss，1371—1415) 被判为异端烧死。那些忠心基督徒聚在波希米亚东北肯瓦 (Kurlwald) 山谷中的一个村庄里。1457 年他们的教会组成之后，被称作联合弟兄会。

争，要把对善行的合理说明转向路德教的那个方向。还有，在抛弃秘密集会的方式与保留个人忏悔的情况之下，在他身上，体现出一种根本上属于路德式的依赖圣事的惯性。除了这些之外，亲岑道夫只属于自己的规则，就是那种信仰情感的天真，如孩童一般，甚至还试图利用占卜的方式来破译出上帝的心意。这一切都曾经十分突出地遏制过强调理性行为的重要影响。总体说来，受这位伯爵影响的区域里面，那种反理性的内容与情感的比重，在摩拉维亚弟兄会的信仰生活之中，与其他地方的虔信派相比要占有更加重要的位置。

在斯班根伯格（Spangenberg）[①]的思想中，有关于“忠实信仰的弟兄之间的情谊”的观念。道德与罪过的宽恕二者的联系，简言之，它和路德教一样，已经很松散了。亲岑道夫放弃循道宗式的去努力执行追求完善的做法，在这里就像其他地方一样，是他所提倡的本质上的幸福论，即所谓的快活论，属于他理想未来的一个部分。这种理想所提倡的是应该让人们在现世、在活着的基础上，从情感上去体验永恒世界的真正福祉，而不是鼓励他们通过合乎理性的劳动确保进入去世之后的天堂福祉。

然而，与其他教会相比，弟兄会最主要的思想观点，是要让有信仰的人过一种积极的基督徒日常生活，这不仅体现在传教活动中，也体现在人们所从事的职业活动中，这是使他们一直保有活力的关键所在。

另外，人性的欲望也有功利的一面，从功利价值的立场来看，生活需要务实和理性化，而这个观点对亲岑道夫的哲学来说是相当重要的。对亲岑道夫而言，就像对其他虔信派教徒一样，因为哲学思辨可能危及信仰之故，他明确地表示了他的厌恶，而偏好经验主义；另外，是出于一个职业传教士

① 斯班根伯格是德国摩拉维亚主教，亲岑道夫的继任者。他被亲岑道夫派往美国宾夕法尼亚去创建教会（美国摩拉维亚弟兄会）。

掌握的常识，已经让人变得很精明了。弟兄会，已经成为一个重要的传教中心，同时也是一个巨大的商业企业。它引导自己的信徒走上了那种世俗的禁欲主义之路，让信徒找到一份工作，并一丝不苟地做好。

然而，对使徒身在现实生活中的贫穷困苦的积极鼓励，及对上帝通过事先预定而拣选呼召的信徒的积极鼓励——这种积极鼓励是从传道人需要的榜样那里得来的——却构成了另一个障碍。客观上，它意味着“与福音保持相同的方向”的部分复活。与加尔文教伦理相类似的经济伦理的理性发展在事实上是受到了这些因素的反作用与阻碍，不过，就像浸礼派运动的发展那样表明出来的，这种反作用毕竟是有限的。恰恰相反，在主观上，上述经济伦理受到的只是为职业而工作的那种观点鼓励而已。

所以，当我们从我们的观点出发，对德国的虔信派进行思考，必须承认他们的禁欲主义的宗教基础的确有动摇的一面，这就让德国虔信派比加尔文宗要弱得多，相较之下，加尔文宗如钢铁一般坚固；而虔信派展示出来的动摇性与不确定性，其中至少一部分是受到路德宗影响的结果，另一部分是其情感特征显示出来的结果。要说明的是，用这种情感成分来区分虔信派与路德宗的特征，自然有片面性。不过，只要与加尔文教进行对比，就知道虔信派对生活的理性化是平和的。原因就在于要占有恩宠状态的压力，被转向了现实生活的情感状态，这种恩宠状态的存在，一定要不断被证明出来，同时，还一定要与未来的永恒性有着一定的关系。选民曾经需要依靠在人生职业中的不断努力去获得并更新自信，现在，这种自信被一种谦卑克己的态度替代了。这里的一部分是情感刺激完全导向精神体验造成的一个结果；另外一部分是路德宗忏悔制产生的结果。虔信派时常怀疑这种制度的合理性，但在一般情况下，它还是被人们所容忍与默许了。

以上所有都在表明：路德教属于自身的救赎观念的影响就是在于释罪，而不是在于社会活动的理性。在此之前需要成系统、合乎理性地为得到与保持救赎而努力战斗，而现在变成了体会与上帝保持一致的需求。正因如此，人生用追求现世享乐来阻止合乎理性地去组织经济生活的那种倾向，从一定意义上讲，在信仰生活领域中，也一样存在。

所以清清楚楚显示出来，把宗教需求导向现时的情感满足，不可能发展出如此有力的动机，来使世俗活动理性化。一方面，正像加尔文宗的选民倾注心力思考彼岸世界，以此确保恩宠。在另一方面，以上的这种做法，比较正统路德教徒的那种在客观实际上被《圣经》和圣事的传统主义的信仰束缚一样，更加有利于让信仰有条不紊地渗入日常生活行为中。

总而言之，虔信派的观点，从弗兰克开始，从斯彭内尔到亲岑道夫，可以看到越来越趋向对情感的强调。不过，很显然，这都不是内在发展规律的表现，在任何方面都不是的。其中的差异就来自这些所谓的领袖他们各自所处的宗教与社会环境的不同。

在这里，我们要说明的是，我们还不能对这一问题进行深入，也不能讨论德国虔信派的特点到底是怎样扩大了影响力，让它在社会更有地位，获得了更大的地盘。我们必须再次提醒自己，这个强调情感的虔信派当然是逐渐地、慢慢地变化、走上清教选民选择的方向。一旦我们能够，至少是具有相对性，指出这种存在的差别出现的实际客观后果，那么，我们也可以说，虔信派所赞同的那些德行，一方面，更多的是存在于忠于信仰的公职人员、职员、劳动者或家庭工人的身上的德行；另一方面，是带着虔诚的谦卑的（就像用亲岑道夫的方式）主要还是家长式的雇主老板的德行。

对比就知道，加尔文宗做得更加积极一点，与资产阶级的资本主义的企业家的那种严格的守法主义和主动进取心有很好的联系。最后要说的是，纯情感形式的虔信派，就像里敕尔所指出的那样，属于有闲阶级的一种内心业余的喜爱。无论这一描述有怎样的不完善，不过，它还是对解释在这两种禁欲主义运动各自的影响下的民族在特征（包括经济特征在内）上的某些差异有巨大的帮助。

C. 循道宗

一种富有情感却依然选择禁欲的宗教类型，它与那种对加尔文宗禁欲主义教义基础的日益增长着的冷漠和拒绝的联合，构成了与欧陆虔信派相对应的英美宗教派别的特征。这一派别称作“循道宗”。所谓“循道”，顾名思义就是说，在时人的印象中，其信徒的特点就是：具备有条理的、系统化的行为规范，其目标在于获得救赎的确定性。救赎的确定性，从一开始就是这一教派信徒关注与渴望的中心，并延续下来，也延展开去，直至成为绝大多数宗教的中心追求。

无论循道宗与德国虔诚派的某些分支有多么不同，它们之间有关联是毫无疑问的。这首先可以从它们都有条理性且都将这种条理性主要用于产生皈依的情感行为这点看出来。在约翰·卫斯理身上被摩拉维亚弟兄会和路德教派的影响所唤醒的对情感的强化，使得它从一开始就带上了强烈的使命级的情感特征，这在北美尤其是美国表现得非常突出。在相应的环境下，内在忏悔行为会表现为外在强烈的情感斗争，以致往往出现激烈的骇人的癫狂状态。在美国的公众集会场合，尤其是在那些靠近教会的布道讲坛上，这种情况经常发生。这就构成了对上帝的恩宠的不该有的占有信仰的基础，这一基础又会使人自然而然地产生脱罪与宽恕意识。

现在，情感型的这一信仰，已经与被新教烙上永久的理性印记的禁欲主义伦理观念在一起，二者结成了特殊的连接关系，虽然这一连接关系内部还存有不小的坎坷、阻力与困难。首先，与加尔文宗把任何情感都看成幻觉不同，“救赎确认”的唯一基础，是绝对相信宽恕的一种纯粹感觉，而这种感觉需要直接从对精神的见证中抽取出来，而精神的出现在事实上需要时间。

卫斯理关于神圣化的教义可以补充这一点。虽然它明显是对正统的教义的背离，但它也依然使用了正统教义的逻辑，并进行展开。根据这一教义，一个人只要使用这样的方式而获新生，借助在自己身上已经发生作用的上帝恩宠，就有机会在自己的人生某一瞬间突然发生巨大的精神转变，从而达到神圣化的境界，即全然摆脱罪恶，突然获得一种完美知觉。这一目标实现起来困难重重，对于一般人往往要等到临终的时刻。纵使如此，人们仍然会拼尽全力追求，因为这是"救赎确认"的最终保证，它用一种宁静的自信取代了加尔文宗教徒的那种阴沉烦恼的担心。它还让真正的信徒看到，罪恶不再具有驾驭一个人的那种魔鬼力量，真正的信徒可以控制罪恶，这也是与一般人的区别所在。

但是"救赎确认"固然重要，人们也依然要依据法规进行正当行为，德行在人们心中变得越来越重要。卫斯理反对当时强调的品德修为的做法，但他抨击的结果竟然是复活了一个古老的清教教义：即人不会因品德修为而蒙恩，但可以从品德修为上面判断一个人是否处于恩宠状态，进一步说，只有当品德修为被审视与谨慎地用来表现上帝的荣耀时，才会起到"救赎确认"的作用。如此，正如卫斯理的发现，仅仅是正确的人生行为远远不够，一定还要加上对上帝恩宠的生命感觉。在 1771 年 8 月 9 日的宣言上，卫斯理就认真指出：一个人只要缺少日常的修为、仁慈、善行，肯定不能成为一个真正的信徒。

实际上，循道宗的教徒总在坚持他们在教义上与英国的国教没有任何的区别，二者之间的分歧仅仅是在信仰的实践方面。对人生信仰结果的强调，早就在《新约》"约翰一书"第三章第九节中得到了最可靠的证明；在这里可以看到，人生的品德行为被看作一个人重生的一个鲜明的标记。

不过，虽然这样还有不少的困难，信奉预定论教义的循道宗信徒，他们十分肯定地认为“救赎确认”的获得，需要有对上帝的恩宠和人生因为恩宠而不断地依靠品德修为来进行完善这两者的直接感受。这样对恩宠的意识主要是用来不断证实信念的禁欲行为，与此同时，又大大超出了这种行为所规定的范围。根据这里说到的，信仰的全部教规（perservantia）的确定性，就只能通过个体的忏悔行为来完成。这样一来，从不在蒙恩状态的弱势群体看来，基督信仰的自由是一种宿命，这就瓦解了随之而来的循道行为。也可以这么说，仅仅在这种方式遭到否弃的时刻，正当人的内在信心才会达到前所未有的高峰，获得清教徒式的一种情感的强化。面对种种攻击，循道宗的信徒们坚决予以还击。一方面，这些信徒进一步强调圣经的不可动摇的权威和确保来自上帝的恩宠状态绝对不能缺少；另一方面，又去强化反加尔文主义的循道宗在这一运动中的力量，从而使循道宗伦理观陷入矛盾，而造成更加不稳固的宗教基础。 最后，只有重生这一概念——对蒙恩状态的感知被保留了下来，成为得救的必不可少的条件。然后，脱离罪恶的神圣化，也成为证实得救的必要条件。恩宠的外在表现方式，如圣礼仪式的重要性就随之而减弱。随着循道宗而普遍觉醒的各地人们——比如在英格兰——意味着恩宠和选召教义已经取得胜利。

所以，从我们的立场来看，循道宗的伦理与虔诚派相似的一个方面就是：伦理就好像都建立在不确定性的基础上面。不过，循道宗似乎面对着更高的追求，就是那种立刻可以成为天神一样的生命向往，这使得人们只把预定论当作向理想过渡的权宜之计罢了。另外，循道宗的发源地在英国，它的伦理实践内容与英国清教的伦理实践内容有着不能拆散的密切联系，因为它一门心思想要实现的事情就是把清教复兴起来。

皈依式的情感行为，被诱发出来，在达到需要的皈依情感之后，随之而来的却不是对亲岑道夫的虔诚派的感性模仿，进而达到和上帝在一起的欢乐之中。恰恰相反，为了让这一情感得到强化，再次投入为了完善自己的生命而进行的理性的锲而不舍的斗争中去。

从上面我们就知道，信仰的情感性质的不同，使得循道宗不会成为德国虔诚派那样的一种精神化了的感情宗教。施奈肯伯格（Schneckenburger）已经说得很明白，这一客观存在的事实，部分归结于人的罪恶感还是具有一部分直接来自皈依的情感经验，这使得它不如德国虔敬派的情感那么强烈。这在对循道宗的讨论中已经成为普遍接受的观点。在此处，它的本质上仍具有加尔文主义的宗教感情的特征，这是至关重要的一点。情感的兴奋采取了可以随时能够感受到的那种张扬出来的狂热形式。这种狂热当然不是持续性的，却能引起人生与生活的很大震动，然而它绝不会摧毁一个人的日常行为在生活中其他方面的理性特点。

所以，循道宗的重生，是在预定论被抛弃以后，总体而言，它的重生为禁欲行为的宗教基础的品德修为教义提供了一种内容上的补充。人的举止行为成为确定一个人真正皈依的表现形式，就像卫斯理曾经说的那样，成为一个人信仰的条件。而实际上通过这种行为形成的最终结果与加尔文宗像从一个模子里做出来的一般。在接下来的讨论中，要交代一点，我们可能会忽略循道宗来讲述，因为它是出现得很晚的，它并没有给现实生活里面的职业存在与发展提供任何新的积极性建议。

D. 浸礼宗诸派

欧洲大陆的虔信派和盎格鲁—撒克逊各族的卫斯理会（即循道宗），就它们的思想内容、伦理观念及它们在历史发展进程中的作用看，都属次要运动。另外，除加尔文宗以外，新教禁欲主义还存在另一个独立来源，这就是16—17世纪直接发源于浸礼运动或采取其宗教思想方式的诸派，如浸礼会、门诺派，尤其是贵格会（即公谊会）。这些教派乃是与加尔文宗相比拥有截然相反的伦理基础的宗教团体。由于浸礼运动具有多样性，所以以下的描述只是相对于我们目前研究的领域来说是重要的内容。而且，我们的重点会放在老牌资本主义国家的浸礼运动的发展方面。

所有这些教派有着一个共同的特征，无论从历史上还是从原则上说，这一特征都是十分重要的，不过，它对文化发展的影响，只能从一个不同的角度才能说明。我们已经熟悉这种特征，即信徒的教会。它表示宗教团体（即宗教改革运动中的诸教会所称呼的“可见教会”）不再被当作把超自然目的作为服务的责任机构，不仅仅是为了增加上帝的荣耀（加尔文宗），或者是给人类带来拯救方法的中间力量（天主教和路德派），它只不过就是由那些相信重生的信徒所组成的组织而已，仅仅是由这些人组成的群体。用另外一种表达就是：它不再被人们当作一个教会而是被人们称为一个教派。这对于“只有独立取得信仰的成年人才能受洗礼”是如此重要，因为它正是上述原则全部意义的象征。这一点就像浸礼宗教徒一再重申的“因信称义”，在本质上区别于为基督服务的观念，而服务于基督的思想在老一代的新教正统教义中占据了主导的思想地位。不同的是，因信称义存在于拥有上帝救赎的精神之中，然而这种拥有只能通过得到启示的个体得以实现。除此之外，没有其他方式。这里说到的这种称义，对每一个人都是平等的，所以人们只要等待就可以了，人生不能因为徘徊于尘世的罪恶，而阻止了圣灵的到来。

所以，不管是对基督教教义的认识，还是通过认罪悔改寻求恩宠，以此产生的信仰，它们的重要性都大大弱化，与此同时，出现了早期基督教魂灵价值观的复兴，当然，也伴随着重要的变化。举例来说，在门诺·西门斯的作品《基督教救赎教义的基本书籍》（1539 年版）一书中，第一次给出了一个由被选召和已觉醒的使徒组成的团体，一贯支持合理的教义，与浸礼教派一样，想成为一个为所有人认可的基督教会，人只有再生，才能成为基督的兄弟，他们与基督一样，由上帝直接创造出来。这些人在行为上逃避这个尘世，避免一切不必要发生的社会交往；严格维护圣经的唯一崇高价值，以早期基督徒生活的形象来作为自己的榜样。这一切都是浸礼宗早期的思想产物。而只要旧观念一直存在，他们逃避尘世的原则就不会消亡。

浸礼宗的不同派别从他们早期的核心观念中选出其中的一条原则，作为财富长期保留了下来。我们在论述加尔文宗时，已经对这样的原则有了一些了解，它的重要性也再三地凸显出来。此原则是，坚决地抛弃一切不同形式的肉体崇拜，因为这种做法是对原本只属于上帝的崇敬的一种伤害。

早期德国南部的与瑞士的浸礼教徒，与处于青年时代的圣方济各[①]有很多相同之处，他们很激进，认为《圣经》中提到的是一种直接以使徒生活为标准的生活方式，即要与一切尘世的肉体享乐主义进行彻底的决裂。事实的确如此，许多的早期浸礼教徒使人回想起圣吉尔斯（St. Giles）[②]拥有的那种生活方式。但从这样的生活方式与信仰的精神特质之间存在的关系来观察，他们严格遵循圣经戒律，却并没有一个牢靠的思想基石。原因就在于：上帝启示给先知和使徒的内容，并不是其能够且愿意启示的全部之内容。相反，《圣经》之所以拥有持久的生命力，不是因为文字所显示的意义，而是在日常生活中有圣灵的力量显示出来，圣灵的力量直接对任何一个愿意倾听的人就可以进行谈话；《圣经》长盛不衰的生命力才是基督信仰唯一真正的特点。我们看到这就是早期基督信徒们的戒律，苏温科菲

① 又称“小兄弟会”。创始人圣方济各，被称为动物、商人、天主教教会运动及自然环境的守护圣人。圣方济各的圣痕是迄今为止罗马教廷唯一官方承认的圣痕。

② 圣吉尔斯是7世纪生活在法兰西的希腊隐士，残疾人、乞丐和被社会遗弃者的守护神。

（Schwenkfeld）[①] 对此宣扬、用来反对路德；到了后来，福克斯又把这一点用来反对长老会。

贵格会是从持续启示这一观点发展出的，它后来一再主张这个著名的教义："在人的理智与良知中，圣灵对人的内心戒律十分重要。"这将对最终的分析起决定性的作用。不过《圣经》一直存在的权威并未因此消除，只是它不再是以独一无二的权威而存在，如此，最终发展到这样的地步：彻底消除了通过教会而得救的教义引出来的一切残余观点与思想。贵格会就是这样的，浸礼宗和圣餐派也是这样的。

浸礼宗的不同派别和支持预定论的加尔文教徒一起，他们对为得救而做的种种圣事，进行了彻底的抨击、诋毁，他们用最极端的方式与手段，完成了对宗教理性化。只有通过持续启示的内在之光，才能去对《圣经》进行真正的理解。

贵格会据此得到一个必然的结论，并对那些从不知道《圣经》启示的人们也产生了影响。"教会之外无救赎"这一主张，并不适用于所有人，它仅针对受圣灵启示的人。假设人没有内心的光，就算是在理性之下受到引导，充其量也只是行尸走肉而已。包括贵格会在内的浸礼宗不同派别强烈谴责这些没有神性的人，这一点比加尔文教派表现得更加突出、更加激烈。另外，只要是对等待圣灵造就而获得重生满怀真诚、敬畏，由于神性而获得的重生就能让一个人彻底摆脱罪孽；这样，不可能得不到救赎，或重新产生罪恶。不过，正像在后期的卫斯理宗中，那些信徒并没有把达到这种状态看成一种规律，而是强调个人的完善程度。

显然，所有浸礼宗群体都希望在自己群体里的教徒的行为无可指摘，缔

① 苏温科菲是宗教改革时期新教的左翼代表人物之一，与路德相比，他更强调启示的主观方面的作用。

造纯洁的教派。信徒要真诚地，彻底与尘世的利益隔绝，凭借自己的良知向上帝表达自己的无条件顺从，这是唯一的毫无异议的重生标志，因而相应的行为方式对于救赎也不可或缺。那么，救赎依靠的不是行为，而只有听从良心的指引才有理由认定自己要获得重生。在这样的意义上，善行是一个人获得重生不可缺少的前提。

从上可见，我们一直坚持的巴克莱（Barclay）[①] 的结论，在本质上其实与加尔文宗教义没有什么差异，它就是流行在英国和尼德兰的浸礼宗不同派别，特别是在加尔文宗禁欲主义的影响之下，不断地发展起来。在早期的传教生涯中，乔治·福克斯孜孜不倦，一直劝说人们一心一意实践心善的思想观念。

不过，因为预定论遭到了反对，浸礼宗的道德观念所具有的独特的理性特点，在心理上，首先就把期待圣灵降临的思想作为基础，这种思想也是贵格会的一大特点，对这一点，巴克莱作了十分详细到位的分析。对圣灵的默默期待，就是为了克服一切冲动及自然人的激情和主观欲望。信徒一定要静下来，创造出灵魂的宁静与和谐，只有在这种和谐宁静的氛围中，才能听到上帝的话语。就像在其他类型的宗教里也许会发生的事情那样，等待可能会让人出现歇斯底里，也可能会孕育出预言家；只要对未来的希望存在，就会导致蕴藏在深处的千年宗教狂热迸发出来。实际上，这种情况曾在明斯特土崩瓦解的宗教运动中发生过。

然而，浸礼宗影响了人们的日常生活。通过这一事实，通过上帝只在人们肉体相对安静地静止时才开口说话的思想观念，实际上促使人们小心谨慎地权衡自己的行为，并通过个人的良知，小心翼翼地进行称义。后期的浸礼

---

① 巴克莱是英国哲学家，是经验论的主要代表之一，其哲学的鲜明特色就是为宗教信仰而服务，具体表现则是他试图从经验论的立场证明上帝的存在。因在教会中长期担任主教，他也被称为“巴克莱主教”。

宗派别，特别是贵格派，就推行了这种看起来平和安静、极有责任感的行为方式。以达到彻底剔除世界上出现的邪恶行动，推行世俗的禁欲主义这一心理目的。

根据上述，我们看到这些派别，因为他们与政治权势及自己的所作所为本来没有任何的关系，从而使得禁欲主义的美德已渗透到了履行天职的生活之中。早期浸礼运动的推动者在反对世俗性这一方面，激进又彻底。不过，就算是最早期的浸礼教徒，他们也没有将使徒式的生活方式作为人获得再生的必要证明。在第一代人中，甚至早在门诺之前，就存在绝对维护实用的世俗美德和私有制的富有阶级；实际上，浸礼宗严苛的道德伦理，正是踏上了加尔文宗伦理为它开辟的行走道路。这只是因为，修道院形式的禁欲主义道路，从路德就已经不存在了。因为这种形式的禁欲主义无法在《圣经》中找到依据，并带有通过善行就可以得救的意思，在这一观念上，浸礼宗遵循了路德的思想。

不过，除了在早期的半公社性的派别出现，有一个所谓"登卡尔派"①的浸礼教派，直到现在，仍在坚持谴责教育，谴责人们拥有生活必需品之外的任何的私有财产。就像巴克莱，他也不是使用加尔文派或是路德派的观点来看待他个人的职业责任，他是用托马斯的思想观念来对待这种要负责的职责，把它当作"自然手段"，因为信徒生存在尘世，也需要一定的物质条件。

上面的这种态度，就意味着加尔文宗的职业观念已经没有什么影响力了，就像斯彭内尔和德国虔信派中这种观念的削弱程度一样。然而，在另一方面，由于浸礼宗不同派别中的多种因素的作用，人们对从事经济相关的职业的兴趣在日益加强。

首先，越来越多的人拒绝在政府部门担任公职，这样的思想最初源自一

① 登卡尔派由亚历山大·马克创建于德国黑森林地区，创建不久即迁往美国宾夕法尼亚。

种宗教义务，即要求抛弃一切世俗的功利化的东西。看上去，这种思想在原则上已被人们丢弃，不过它仍然具有残存的效力。这种效力至少体现在门诺派和贵格会中，依然有效地使用与运转，他们拒绝宣誓，也抗拒佩带武器，很显然，他们不再适合担任政府部门的公职。其次，浸礼宗各个派别都坚决抵制任何贵族生活方式。同上述思想一般，同样的流行。这一些情况与加尔文派中的情形基本相同，都是禁止肉体崇拜的产物，还有部分原因是我们前面提到的非政治的、更有甚者是反政治原则的一个效果。浸礼宗的日常信仰行为与生活行为的精明、谨慎的理智方面，就这样被揉进非政治的职业中去了。

与此同时，浸礼宗认为：良知是上帝给予人作为个体的启示，浸礼宗救赎教义赋予良知极其重大的作用，这就使得人们在社会职业中的具体表现会具有一种行为特征，这个人的行为特征产生了力量，这种产生出来的力量对资本主义精神的发展具有非同凡响的作用与意义。在论述中，我们适当推迟，坐等成熟的讨论时机，因为只有到那时，才能在不触及基督信仰的新教禁欲主义的整个政治与社会伦理的情况下，对它进行更深入的研究。不过，在此前，我们已经提醒大家：一定要注意资本主义伦理中最关键的原始规则，即“诚实即上策”。关于这一原则的经典文献就是富兰克林的那本小册子，之前，我们曾对其部分内容进行了摘录。就算是16世纪的人们来看也是如此，浸礼宗与贵格会，特别是后者，他们的世俗禁欲主义的具体形式，就是在这一准则之下实行的实际运用而已。另外，加尔文教的这种影响，大大刺激了他们的信徒对获取私有财产的向往，这种向往充满活力。即便存在着如此之多的关于上帝选民的繁文缛节，但是歌德的话已说明一切，他的话是对加尔文宗信徒最好的注解：“只要是行动的人，就从来都是残酷而无情的，当然，旁观者除外，尘世的人没有任何人会有良心。”

对促使浸礼宗不同派别的世俗禁欲主义盛行的另一个重要因素的研究，只能在另外一个前提下，去全面地考虑与论述。为了说明我们为什么选择这样一种论述表达秩序，在这里做几句必要的交代——

我们特意不以时间较长的新教教会这样的信仰存在作为我们论述的出发点，也没有将出发点放在其伦理道德的影响上，更没有放在重要无比的教会的规则律令上。在此，我们把出发点放在主观接受禁欲主义信仰对个人行为所产生的影响之上，我们更加乐于倾向这一点。这样做的原因就在于：事情在这一方面受到的关注远不及另一方面，教会戒律的影响也不是一成不变的。但教会对个人日常生活的监督令人吃惊——就像加尔文宗——与宗教法庭没有区别。这是对个人活力释放的一种阻碍。当然，个人活力的释放，除了上述原因之外，也受到来自理性的禁欲主义追求的限制。

国家的正确商业规章当然可以促进工业，但只是靠它不能发展资本主义精神，这是由于它自带的专制特征，这对于资本主义精神的发展是大大的阻碍。

从上可以得知，当教会组织尘世化、利益化而变得专制时，就会产生相同的效果。它特别加强了某一种外在的统一性，而在一些情况下，它又削弱了人的动机上的理性行为。我们关于这一点的任何学术上的讨论，都一定要考虑下面两种戒律的后果产生的巨大差别：一种，英国国教专制的道德戒律的后果；另一种，建立在自愿归顺的基础上，教派的相应戒律产生的后果。浸礼运动在不同地方建立的是教派组织而不是真正的教会，这一点，对禁欲主义的落实与实施更加有力，这一点与那些加尔文教、卫斯理宗和虔信派教派在不同程度上的情况一样；因为环境的不同压力，形成志愿性的皈依群体。

到了这里，我们已经把清教在商业时代与商业社会中的职业观的宗教基础说明白了，接下来，就是研究与论述它的后果。我们已经说到了形式不同的禁欲主义运动它们各自表现出的细节与重点的差异，我们也需要看到，他们也有很多重要的相同的地方。我们的论述所要达到的目的，关键之处就在于蒙恩是怎样的状态？这一问题适用于所有教派，它将获得恩宠的人与一般人区别开来。

另外，在不同的教义中，人们获得上帝恩宠的方式各有不同，而在事实上，它一定不能凭魔术般的圣事来取得，也不能只依靠对忏悔的确信，更与个体的善行善举无关，在这一点上，都是相通的。一个人只有在证明自己具备从本质上有别于自然状态下的一般人的独特行为，才有机会去得救，在这个基础上，激励由此产生，一个人为了得救，而需系统地对自己的行为进行规训，并将个人行为染上禁欲主义的色彩。

不过，就像我们所理解的，这种禁欲主义行为，意味着要与上帝的意志完全一致，这种一致贯穿于他的整个人生。与此同时，这种禁欲再也不是一种人生重担，它是每一个怀有被拯救信心的人完完全全能够做到的事。重要的一点是，教徒的生活不再与世隔绝，他们不在沿袭自然状态下圣徒的宗教日常，而是投身于各种尘世制度之中。为了得救而将现世生活理性化，这正是禁欲主义新教的职业观带来的改变。

与世隔绝的基督教禁欲主义最初为了逃避社会，已经完全成了尘世的主宰。不过，总的来说，它对于世俗社会的天然特性还未施加影响。就在此时，教会走出了封闭的修道院，身后的大门很快地关闭了起来，然后它大步地跨入热闹的集市中去，开始将自己的秩序带进尘世之中。这种生活既不属于俗世，也不为了俗世。将会有怎样的后果，接下来，我们将在后面的篇幅里，详细说明。

第二章
禁欲主义与资本主义精神

为了解禁欲主义新教根本的宗教理念，及其与日常经济活动准则设立之间的关联，对内容明显源于教会实践活动的著作，进行认真的考察是完全有必要的。原因在于，在教会决定每一位基督教徒的社会地位，以及教徒把来世生活意味成一切的时代，教会人员通过其教职、教规和布道对教徒和社会产生的作用，是现代人完全无法想象的（翻看一下劝世文、良心问题汇编等就能知晓这一点）。那个时代，宗教通过上述渠道所展示的力量，对民族性格的形成起着至关重要的作用。

就本节内容想达到的目的而论（当然，此种做法并不通用于所有的目的），我们可将禁欲主义新教看作统一的整体来论述。由于起始加尔文教的英国清教徒为人们的职业观的建立，提供了贯穿前后的宗教依据，我们不妨仿效前面的做法，挑选出一位代表人物，以其为中心进行探讨。

和许多清教伦理学家相比，R. 巴克斯特（Baxter）的观点更为贴切，他的著述享有普遍声誉，不断地再版同时被译成多国文字。这和他极为重视实践的现实主义态度有很大关系。他是威斯特敏斯特会议的辩护人，且隶属于长老会派。后来，他和同时期最优秀的人物走了相同的路，逐步脱离了正统加尔文教的教条。他反对克伦威尔的超过本分窃据上位，正如其心底一直反对任何类型的革命一样。他既对圣教徒对宗教的疯狂激情没兴趣，也不赞成异端教派的一些观念，但对于不触犯其原则问题的另辟蹊径的新奇观点，却抱以十分开明的态度，并能客观公允地对待反对者的观点。他一心想投入的领域是：通过教会的作用，达到提振人们道德生活的目的。为达到这个目的，在国会时期、克伦威尔时期以及王政复辟时期①，他在各届政府中任职，并在圣·巴多买罗节前，在王政复辟政府中引退。他作为史上可查的最杰出的牧师之一，其所著的《基督教指南》（*Christian Directory*）对清教伦理学的概述几近完美；他通过自己在教职活动中吸取的实践经验，对自己的著作不断修正完善。对比才能出真知，我们选择斯本纳的《神学思想录》作为德国虔信派的代表，将巴克莱的《辩护辞》作为贵格派的代表，同时参考一些具有代表性的禁欲主义伦理学著述②。但限于篇幅，我们争取将比较的局限性降低在一定的范围内③。

人们在翻阅巴克斯特的《圣徒永恒的安息》（*Saint' s Everlasting Rest*）④

---

① 《清教神学家文集》对选录的巴克斯特的文章附上了导言，其对他舍弃双重天意信仰的观念，给予了不错的介绍。巴克斯特试图将个人选召和普通救赎相融合的想法，无法让世人满意。——韦伯原注

② M. 亨尼，约翰·豪，亚当斯，巴克斯特，丁·詹韦，S. 查洛克，班扬的宗教小册子和布道文都已被收集在十卷本的《清教神学家文集》（London，1845—1848）中，只不过在选编的标准上不免有专断的嫌疑。——韦伯原注

③ 对于弗埃特及其他大陆上的一些国家世俗禁欲主义的代表人物，我们已经有理由将其囊括进来。布伦塔诺阐述的世俗间的禁欲主义运动具有纯粹的盎格鲁—撒克逊色彩的主张是不正确的。我之所以选择这些作家，目的是尽量将17世纪后半期的禁欲主义运动作出系统的阐述。篇幅所限，我无法用大量的传记文献展现禁欲主义新教的特别风貌；阐述中我将偏重于贵格派，因为他们对德国而言相对陌生。——韦伯原注

④ 17世纪英国著名神学家巴克斯特所著。本书是其在身患重病、徘徊在生死边缘之际默想天国的结晶。本书中作者满怀对天国的盼望切慕，阐述了何为永恒的安息、安息何等荣美等。

或者《基督教指南》或其他类似著述[①]时，得出一个惊人的发现，在讨论财富[②]与获取财富时，《新约》中的伊便尼派的成分[③]，是其共同强调的。按照此种财富论调，财富本身充满无尽的诱惑，具有极大的危险性，与上帝之国的至高无上相比，追逐财富在道德上是存在问题的，也是毫无意义的[④]。这种禁欲主义的论调，与加尔文的禁欲主张相比，更加反对人们对财富的追逐；加

---

① G.弗埃特的著述，胡格诺宗教会议或荷兰浸洗礼派的文献资料，我们可以放心去引用。令人遗憾的是，索姆巴特与布伦塔诺仅是关注了巴克斯特思想中的伊便尼派成分。对此，我本人也一贯重视这一点，我觉得它说明了在巴克斯特学说中包含有无可置疑的资本主义般的怯懦。然而，（1）为了对这部分资料正确运用，我们有必要先对其所含的全部内容进行深入了解；（2）不容忽视的是，我早就尝试加以说明：虽然这种禁欲主义宗教提倡反拜金主义，但它的精神实质却直接促使经济理性主义的产生，就像它在君主专制国家中所表现的那样。出现这种状况的原因是它极力提倡这种理性主义的核心，即彻底理性的禁欲动机。全文的宗旨就在于此，本文将详加阐述。——韦伯原注

② 加尔文的著述亦是如此，对于资产阶级财富的有力支持者，其显然不是（他对威尼斯和安特卫普两座城市进行的激烈抨击，可作为参考。参见《反异教大全》，III，140a，308a）。——韦伯原注

③ 此处可参见《圣徒永恒的安息》，第十章、第十二章。相较于贝雷（《虔信的行为》，第182页）或亨利（《灵魂的价值》，见《清教神学家文集》，第182页）"热衷求索世俗间财富藐视内在灵魂，这不仅仅是忽视灵魂和推崇肉体，而是将灵魂也用于追逐财富"。此外，在同一页上也发现了此种说法：一切对时光的挥霍，尤其是将时光虚度在娱乐消遣上都属于罪孽。相近的观点，在英国—荷兰清教徒的宗教文献中也出现过。可以参阅胡恩伯克的著作《痛斥贪欲》。——韦伯原注

④ 因为，不但是财富，对当下甚至过去都沉浸在财富的追求，都应遭受一样严厉的谴责。在尼德兰，1574年南荷兰宗教会议在一次例行询问的回答中宣布：高利贷者严禁进入教会，即便这种行业已经被法律所认可；在1598年的德温特省会议上，第二十四条作了修订，将高利贷者的雇员也囊括其中。而1606年的科里奇姆会议上规定了，高利贷者的妻室想加入教会，必须接受新修订的羞辱性的入教条件。有关伦巴德街的金融家们是否被允许入教的问题（因为危及布伦塔诺，所以他只得将自己的天主教祖先抬出来以资证明。事实上，在整个欧洲世界，外国商人和银行家早已存在了几千年了）直到1644年至

尔文认为，人们对财富的追逐是可取的，对教会的声望提升是有利的，并不阻碍教会对世人发挥作用；因此，他允许教职人员为谋利而动用其资产。而大面积地对追逐金钱财富的谴责，往往出现在清教徒的著作里，与之相较，中世纪后期的伦理文献，对财富追逐的论述要开明许多。

他们对追逐财富的种种疑虑，表现出了极为严肃的态度；我们必须认真地深入探讨这些疑虑不安，借以理解其所包含的真正的伦理意义和内涵。他们持反对态度的真实道德依据是：占据财富会让人懒散怠惰，享受财富会使人无所事事与饱暖思淫欲，更为重要的是，会让人放弃追求正义的人生。其实，反对占有财富的人，其理由从根本上说就是财富会让人懒散放纵。对于圣徒而言，其永恒安息是在彼岸世界，在尘世间，人为了在生活中能承受神的特别殊遇，他必须“完成神派给他的工作，直到白昼逐渐消失”。神的意志昭示[①]众人，只有每日劳作不懒惰、不贪图享乐的人，才能收获神的荣耀。

这样一来，从原则上讲，虚度岁月便成了万恶之首，是最不可宽恕的罪孽。时光匆匆，人生短暂，时间宝贵，要把握住自己的选择。贪图享乐，忙于交际，无事闲聊[②]，生活作息被打乱，健康睡眠时间无法保证（至多为6—

1657年依然是人们讨论的话题。G. 弗埃特还是想要将如伦巴德街的金融家们这一类的资本者阶层完全排除在教会之外。持相同立场的还有胡格诺会议。本文所关注的哲学式道德品行的典型代表，这类资本者阶层都不在其中，因为他们同古代以及中世纪相比，并无任何新奇之处。——韦伯原注

① 此处可参见《基督教指南》,I，第375—376页。“上帝获准我们和我们的行动存续下去，因为他想要使行动长存于世；工作是能力的自然、道德目的的结合……只有用行动最能奉养上帝，给他添增荣耀……大多数利益、公众利益必须超越个人利益。”将上帝的意志转变为后期自由主义理论的单纯功利观点的关键点就在于此。——韦伯原注

② 缄默慎言的戒律源自《圣经》，它威胁说要对任何敢于说废话的人加以严惩，从那以后，尤其是从克吕尼修道士以来，自我克制教育一直将它作为禁欲的一种手段。巴克斯特也详尽地论述过，那些多余的话语就是罪孽。——韦伯原注

8 小时），这些行为都应遭受道德谴责。清教伦理学说不会拿时间即金钱来言事，但富兰克林这条箴言从某种精神层面上讲，其意义的确是真理。一寸光阴一寸金，寸金难买寸光阴，虚度一寸光阴，就少一寸为上帝之荣耀效劳的时光[①]。从这个角度出发，无为的冥想是没有丝毫价值的，人日常不劳作只知道冥想，必然遭到严厉的谴责。其原因是：上帝已经留出礼拜日让人有宽裕的时间去沉思，平时人们各司其职，积极践履他的意志[②]，才是上帝想看到的。在巴克斯特眼中，在规定的时间内无法挤出时间与上帝交流的人，大多是不务正业的懒汉怠惰之人[③]。

所以，巴克斯特经常充满激情地宣讲，不断地反复和世人阐述：人必须

---

① 此处参见巴克斯特："敬仰时间，每日都要留意时光虚度，对其珍视胜过你拥有的金银珠宝。消遣娱乐，梳妆打扮，酒席宴会，闲聊漫谈，无益社交，睡眠过度，这当中有一种对于你产生了诱惑，试图剥夺你一分一秒的光阴，那么你必须要加倍提防。"M. 亨利曾说过："消费光阴如不屑灵魂"（《灵魂的价值》，见《清教神学家文集》，第 315 页）。新教禁欲主义在这一点上同样是步前人后尘。缺少时间已被我们习惯性地视为现代人的特征，歌德就曾在《漫游岁月》中用时钟每隔一刻钟的鸣响来描绘资本主义的快速发展。索姆巴特在自己的《资本主义》一书中也表达了这种观点。但是，我们不可遗忘的是，最早在日常生活中认真计算时间的人（大约是中世纪的时候）是那些修道士，教堂之所以要按时敲钟其实最先是为了满足他们的需求。——韦伯原注

② 在此问题上，虔信派因其性格上对情感的重视，存在不同的看法。虽然，斯彭内尔用典型的路德教的风格倡导从事某种职业就是在表现对上帝的崇仰（参见《神学思虑》，Ⅲ，第 445 页），但他却坚持认为：世人将全部精力都投入实业事物中，将使人背离上帝。这正是清教徒与虔信派最明显的分歧所在。——韦伯原注

③ "凡在工作中懈怠的人一定无时间去履行自己的宗教义务。"因此，产生一种想法：资产阶级进行理性实业活动的城市，也是其世俗禁欲道德的所在地。因此，巴克斯特在自传中写道：他在基德大教堂的那些手工织布工人们长久以来"同伦敦城的社会交往与交通往返对商人们的教化与虔诚起到了促进作用……"（参见《清教神学家文集》，第 38 页）。对于邻近首都有助于道德的提升的说法，让当时的神职人员们震惊不已，起码在德国是这样的。当时，虔信派的观念也倾向于这一点。所以，在谈及自己的一位年轻同事时，斯彭内

恒久不懈地践行艰苦的体力或脑力劳动，这已经成了他最主要的工作。他这么做有两个动机[①]。一方面，西方教会推崇禁欲，倡导劳动为禁欲的良好途径，并一直发挥着作用，这正是西方教会在修行戒条上有别于东正教及世界其他宗教的地方。对于清教徒而言，为了抵御不洁生活的一切诱惑，劳动是特别有效的手段，其功效是不可忽视的。清教徒屏蔽性欲的禁欲主义与修道院的禁欲生活，无原则性的区别，只是程度不同而已；屏蔽性欲的婚姻观念，在婚姻生活中，性交只是为了延续繁育，是遵照上帝的训令，是上帝恩准的，这样做是为了给上帝增益荣耀，这种观念产生的影响远远超过了修道院的禁欲生活。除了粗食寡性和冷水浴外，用来抵御一切性诱惑的药方与抵制挑战宗教权威和道德廉耻的精神方剂一样，都是叫人恪守禁欲。不过，最重要的还是践行艰苦劳动，将其作为人生的目的，此为上帝的圣训。

厌恶劳动是堕落的外在表象，圣·保罗[②]的“不劳作者，不得食”适用于任何人，这点和中世纪的观念存在明显的分歧。托马斯·阿奎那曾这样解读圣·保罗的这句名言。此外，他认为劳动本身只是维系个人与社会之存在的必要的自然条件。一旦达到这个目的，圣·保罗的名言便毫无意义。并且这句名言，只对整个人类有效，不适用于个人，也不适用于不用劳作即可生存的人。在此种情况下，冥思这种作为上帝王国的精神活动之一，便有了超

尔说：“虽然城市中的大多数人，以及在大型社区中存在许多腐化堕落，但不得不承认有相当数量品行纯良的人，并且还颇有作为；与之相反，在乡村之中，你休想找到任何可以称道的东西。哪怕你将所有人都一一查遍。”（参见《神学思虑》，I，第 66 页，第 303 页）也可以说，理性禁欲品行在农民中根本就不具备。——韦伯原注

① 赋予劳动及劳动尊严以独特的道德价值，并非始于基督教，也不是基督教独有。对于这一点，哈纳克近来又加以特别强调。——韦伯原注

② 早期基督教领袖之一，被大公教会封为使徒。在基督教的历史上，圣·保罗是一位颇有功绩的人物，他的主要影响包括书写了《新约》的一个重要组成部分。《新约》二十七部书中，至少有十四部被认为是出自保罗之手。

越此戒令的地位。此外，在神学盛行的时代还主张：用祈祷和圣歌来充实圣库，是修道生活中的最高成就。

在履行劳动义务上，容许出现诸多例外情况这一问题，巴克斯特不再承认，他宣称任何人不能因为财富规避这一绝对命令。富人和穷人一样，要绝对服从上帝的圣训，富人不能不劳而食，即使他们不需要靠劳动挣得生活用品。上帝已经替每个人安排了一个职业，人必须各司其职，辛勤劳动。每个人的职业，不能像路德教宣扬的那样，是上帝颁发的命令，人必须承接命运的安排，为神圣荣耀而劳作。这种表面看来无太大差别的言论，却给后人带来了深远的心理影响；用神意解释经济结构源于经院哲学[①]，这种解释在后世的发展与此种差别存在密切关联。

托马斯·阿奎那认为是神直接安排了社会上的劳动分工、职业分工，当然，也有很多人提过类似观点，引述他的观点只因最为方便。托马斯·阿奎那认为人在宇宙中的具体位置是随机的（经院哲学的术语则是“偶然的”），是由自然法则决定的。我们都知晓，路德主张在历史发展的进程中形成的阶级差别与职业分工，都是神意直接安排的，人必须恪守上帝的意志，履行自己的宗教责任，承受上帝为他安排的位置，不能打破规矩。路德教与世界的关系一直暧昧不明，也让我们更多地从路德学说中推出这一结论。在路德的思想体系中从未提及改造世界的伦理原则；他的思想从未摆脱保罗思想的束缚，宣扬与世无涉，随遇而安，顺从忍耐，宗教责任思想的形成，只能从这样的人生态度中得来。

清教徒承认在个人经济活动中存有神意安排，只是侧重点有所不同。清教徒爱从实用角度解析事物共同的倾向性，对于上帝为何安排一个人从事这

① 即指天主教会在其所设的经院中教授的理论。也指的是于11—14世纪产生的教会学院的一种哲学思潮。

项职业，它主张要从劳动分工的成效来探究。巴克斯特谈及这一问题时所用的赞美辞藻，让人常回想起亚当·斯密的思想，即神化劳动分工。生产中的专业化为技术发展开辟了新的道路，产生的直接结果是，推动产品在量与质上的增长改善，最终促进公共利益的增长，给大多数人带来利益。以上我们讨论的清教徒在经济活动的动机是纯功利性的，这和当时世俗间著述中的流行观点有密切关联。

▶ 托马斯·阿奎那

出身于意大利的一个贵族家庭，青年时代就成了多明我修会会士，曾先后在那不勒斯大学和巴黎大学就读，跟随亚里士多德学者大阿尔伯特学习，深深为之折服。这成为他一生中最重要的转折点。自1257年开始，他在巴黎大学教授神学，用10年时间专心从事教学和著作活动，并被罗马教廷任命为神学顾问与讲师。

不过，巴克斯特为真正表明清教徒的特点，在展开论述的起始就作了如下解读：“人从事的职业只有是正经行业，其获得的业绩才是有分量的，否则不足挂齿，其大部分时间也是用在散漫闲逛上，而非本职工作上。”他最终得出的结论是：“他（指有专业技术的劳动者）进行工作有条不紊次序分明，反之其他人会处于毫无章法的混乱状态中，他们的事业时间节点和落脚点都无法落在适宜处……所以，每个人有一份正经的职业是其最宝贵的财富。”出于某种原因，很多普通的劳动者不得不做临时工，这种工作方式情有可原，但依然是一种不可取的职业态度。我们不难发现井井有条、通达事理这些世俗禁欲主义对人性格的严格要求，往往是无职业者所缺乏的。

贵格派伦理观也强调人因虔诚而获得上帝的恩宠，从事某种职业，并在工作中井井有条、一丝不苟，正是虔诚的表征，对人生禁欲道德的实践。上帝要求世人的是在各自职业上理性劳作，而非劳动这一活动。清教徒职业观与路德教最大的区别是，前者强调禁欲主义中的明理性格，后者强调盲从上帝既定安排的命运。

由此，在有利于公共利益和个人利益的前提下，在不损害他人利益和自身不玩忽职守的情况下，清教徒肯定了一个人可以同时驾驭几个职业。清教徒甚至不反对改换职业，但前提是改变职业的目的让上帝欣慰，且自己经过认真考虑并符合普遍原则，那么新职业更有用处。

的确，一种职业有用与否，其衡量的主要标准是道德，换句话来说就是，是否能让上帝青睐有加，也就是说要严格按为社会提供财富多少衡量。但其最重要的标准乃是私人获利的分配度。在清教徒内心，一切世俗生活皆由上帝安排，某个选民有了获利机缘，也是上帝出于某种目的的恩赐，因此，虔诚的基督徒要无条件服膺上帝的召唤，尽自己最大努力利用上帝的恩赐。上帝给你指明一条路时，沿路而行你可以合法地谋取更多的利益（而不会让自己灵魂受损或者损害他人），而你拒绝上帝的安排走不易获利之路，那就代表你拒绝上帝的馈赠，不尊其训令为他使用它们，你拒绝成为上帝的仆从，也就背离了从事这一职业的目的之一。上帝的圣训是：为上帝而辛劳致富，是世人的责任，但不能因肉体、罪孽谋取利益。

仅在财富诱使人沉迷罪恶的享乐和不务正业之时，其在道德上才是邪恶的；仅在人出于日后纸醉金迷、享乐无忧为目的追逐财富时，其获利才是不正当的。倘若财富意味着人履行其职业责任，则它在道德上是正当的且不容置疑。一位仆人因拒绝发展上帝赐予他的才能，被革出教门的寓言，直接说明了这一点。清教徒时常争辩说，期待自己分文皆无的人，就和期望自己行将就木一样；其表面上是弘扬善行，实则是贬毁上帝的荣耀。有工作能力却甘做乞讨者的行径，不仅触犯了懒惰罪，还亵渎了使徒们所言的博爱义务，这是最不能容忍的。

着重提及固定职业的禁欲意义为近代的劳动分工专业化提供了道德根据；同理，将追逐利润的行为解释成神授也为实业家们找到了堂而皇之的理由。对禁欲主义而言，贵族生活奢靡与新贵的挥霍无度同样让人憎恶。在道德层面上，它对中产阶级阶层的节制有度、奋发向上却给予了非常高的评价。那些遵循上帝命令而成就颇高的好人，它延用的溢美之词是："天主赐福其工程。"《旧约》中，上帝因尘世间人们对其恳切铭记于心而赐福于他们，他的全部威权对清教徒施予同样的影响，因他们听从巴克斯特给予的劝告，拿自身承得的恩宠与《圣经》中英雄人物承蒙的恩宠相比较，且将《圣经》中话语都释义成神圣法典的条目。

当然，对《旧约》中的语句全部明白无误是无法实现的。我们都知晓，路德在翻译 J. 西拉书中一段话时，第一次用了世俗意义的"职业"这一概念。虽然此书深受希腊文化的影响，但从论调方面思索，其传统主义倾向与其他的《旧约》外典有着明显的共性。一个典型事例：直至今日信奉路德教的德国农夫始终偏爱此书，就像德国虔信派的许多旁支一样，因特别推崇此书表明其受路德教影响很深。

清教徒拒绝承认伪教，怒斥其缺乏神性，这和清教徒划分神性、世俗之物的倾向一样。《约伯记》较之其他正统经书受之影响更深，一方面，它阐述了上帝的绝对权威，至高无上，有逾越所有理解之上的权威的整体观念（对上帝权威的理解与加尔文教同出一脉）；另一方面，它在此种观念中推断出一个观点：尘世间此世的一切产业必定会得到上帝的赐福（仅见于《约伯记》），其中产业的解读包含物质财富。加尔文对此不认同，认为其不重要，但它对清教徒而言却有着非凡意义。在《诗篇》及《箴言》中多首优美诗篇所表现出的东方寂静主义则被抹杀，这和巴克斯特剔除第一封哥多林书有关传统主义文字内容一样，即使后者阐述了有关职业观的重要理论。

在清教徒眼中，博得上帝欢心的行为才是最重要的，《旧约》里对行为之规范化、律法化的美化赞誉，是人能博得上帝欢心的共性标记。清教徒提出一种理论：摩西法典的条文中确实仅包含适合于犹太民族的礼仪规范或纯正的历史性的戒规，摩西法典在基督手中丧失效力也是因为这个原因；在另一方面，它又必须保留下来，原因是它作为成文的自然法规的有效性是永久的。这一论断，让他们有可能删除与现代生活不相容的条规。因《旧约》中关于道德的论述与此息息相关，使它得以有力地促进人的律己、维护律法的庄严，这就是此种形式下的新教世俗禁欲主义根本标记。

如果我们能加以正确理解，当作家们（当世后世的一些作家）把清教徒，尤其是英格兰清教徒塑造成英国的希伯来主义时，其做法是有道理的。但我们不能将希伯来主义和《圣经》成书时期的巴勒斯坦犹太教混为一谈，它所指的犹太教，应是在若干世纪中不断规范化、律法化以及长期受犹太法典化教育影响的产物。早期犹太教倡导的追求平易简朴的人生，其与清教徒的本质特征及中世纪、近代犹太教的经济道德观相距甚远，也让后者在资本主义精神气质日渐形成和完善的过程中发挥了重要作用。犹太人敢于为政治冒险投机，站在资本主义一方，换句话说，他们的精神气质属于贱民资本主义（pariah-capitalism）。而清教徒从犹太伦理中提取的内容，仅仅是为了理性地组织资本与劳动。

对《旧约》的戒条渗入社会生活后，其对民族性格的形成和发展的影响，至今都是一个令人兴奋却无法获取满意成果的课题，此方面的研究对犹太教而言亦是如此。限于篇幅，对此不能多加阐述。除了上面所指的二者之间的关系外，清教徒的精神倾向，也逐渐普遍接受犹太教教徒以上帝特选子民自居，它在他们的基本精神倾向中占据了尤为重要的位置。即便是巴克斯特，他秉性谦恭，但同样心存对上帝的无限感恩，只因有幸生在英格兰而进入了真正的教会。自身因上帝的恩宠才能做到完美，这种感恩的心理，早已烙刻在清教中产阶级的内心深处，它对资本主义英雄时代世人性格的形成起了较大影响，在呆板、坚韧、吃苦耐劳、严于律己等典型人格上，有着突出的表现。

资本主义生活方式的发展，定会受清教徒的职业观和对禁欲主义行为推崇的影响，下面让我们尝试一下弄清关于这个观点的几个问题。我们都知晓，清教徒推崇的禁欲主义，最不能容忍的就是怠惰无节制地享受生活为他带来的一切。这种态度在《体育手册》上的斗争中，表现得尤为明显。詹姆斯一世与查理一世将该书纳入法律，用此专门对付清教徒；查理一世还下令让各教堂宣讲此书。国王竟然通过立法规定人们做完礼拜后，可以进行各种世俗娱乐活动，这引起了清教徒的疯狂反对，对此我们无法用法令搅扰了主日的安宁来解读；另一原因是，这种生活方式是有意识地背离圣徒应遵守的起居有制。国王之所以这样做，惩罚任何敢于抨击这一制度合法性的人，目的就是消除清教徒反专制主义的禁欲倾向，这对于国王而言，实在是太危险了。封建贵族与君主势力保护纵欲享乐者，打压新兴的中产阶级道德观念和反专制统治的禁欲主义宗教社团，与资本主义社会保护资产阶级，打压无产阶级的阶级道德观念与反集权政体是一样的。

清教徒为了反抗压迫，制定了禁欲品行原则。在其他情况下，在贵格派眼中，清教徒对《体育手册》的责难，绝不是单纯地出于触犯其道德原则的问题。从理性的角度解析体育活动，即通过运动恢复人的体力，这也是可以接受的。但如果这种运动无节制，萌发了各种冲动，其作用就会受到质疑；倘若其变成了纯享乐行为，成了满足虚荣，发泄原始本能或嗜赌本能的工具，它就应承受严厉谴责。任何无节制的纵欲享乐、纵情狂欢，无论出现在平民阶层的舞池中或酒店里，还是贵族的体育活动中，都是背离宗教道德的行为，必成为理性禁欲主义者的仇敌。

综上，不难看出清教徒总是抱有疑虑的态度，对世俗文化中不具备宗教意义的部分总是心怀敌意。但这并不代表清教徒在观念里隐含着对文化气量狭小、言行不一的蔑视。恰恰相反，其对科学的正视就可以说明这一点，但对经院哲学的深恶痛绝是唯一例外。清教运动中出现的杰出人物都深受文艺复兴时期文化的影响。在长老会牧师的布道文中，引用的名句箴言随处可见。激进派对此毫不在意，在神学辩论中他们还是以乐于引用经典为荣。在立国初期，能有如此多的大学生，大概没有哪个国家能和新英格兰相比。清教徒常会受到反对者嘲讽（比如巴特勒的《赫狄布那斯》）主要是针对他们的迂腐和登峰造极的诡辩能力。出现这一局面，源于他们在宗教上对知识的极高评价，而这种评价则源自他们敌视天主教中完全服从、纯粹信仰的宗教观念。

当我们参阅非科学文献，尤其是艺术时，情况则完全不同。在这里，禁欲主义好似极寒席卷了“欢快的老英格兰”。世俗的纵欲享乐，已不是清教徒单纯痛恨的唯一目标，一切沾染巫术味道的事物，对魔法获救或圣礼获救之残留亦十分痛恨，圣诞庆典、五朔节花柱游戏及全部自然的宗教艺术，同样受到了这种仇恨的波及。有伤风化的现实主义艺术得以在荷兰存活，这足以说明，在加尔文教神权体制的短暂统治后转化成温合的国家教会后，禁欲主义的影响力也随之下降，已经无法阻止资产阶级暴富后追逐纵情享乐，国家的集权主义道德教条已再无力阻止宫廷文化与摄政制度（领固薪的阶层）的渗入。

一切性感的东西和裸体都是清教徒不能容忍的，所以他们对戏剧十分厌恶，文学或艺术的激进观点也不可能存在。关于闲聊、高级消费品、自大的炫耀，尤其是为人服务，而非为上帝服务，是不符合禁欲主义的要求的，是非客观理性的态度观念的体现。这些观念时刻都在起作用，帮助人们作出有节制的注重实用的决定，反对任何艺术的倾向，在个人修饰方面如穿着上，表现得尤为明显。对生活统一性倾向的强烈要求，在拒绝承认肉体崇拜的观念中找寻到了理想的根据。而这种倾向对资本主义强化生产标准化一直发挥着极大作用。

我们也不应忘记，清教也是一个矛盾的世界，其高层首脑比保皇派对艺术的永恒的伟大，在内心中有着更加本能的意识。即使是伦勃朗这样出类拔萃的天才，无论其举止行为如何不符合清教道德标准，他的作品也难免受到其所属宗教环境的影响。但是这一点，仍无法让整个图景出现别样风情。清教的历史沿革确实在一定程度上，导致世人人格的精神化，这对文学的发展确有明显的益处。但这种益处的显现绝大部分出现在后世。

我们虽然不能在此探讨清教在这些方面的一切影响，但不能忽略一个事实：对文化产品的享受的容忍（尽管此文化用品的享用，是单纯地为了审美或体育上的享受），必定会与一种特有的限制相抵触，让人在享受文化产品时，不得付出任何代价。人的所有财产都是上帝赐予，世人只能受上帝之托代管，要和寓言中的奴仆一样，对自己赚取的每一个便士作出交代。因此，个人出于享受的目的，不是为了上帝荣耀花费的每一便士都是十分危险的。在如今又有哪位耳聪目明的人没遇到这种观念的代言人呢？世人代管自己的财产，这无疑成了顺从管家或谋利机器。这种财产观念总是在人的心底压上一块心寒的巨石。如果这种禁欲主义的生活态度经得住时间的推敲，那么财产越多，为上帝托管的责任就越沉重，尤其是虔诚的清教徒。这种生活方式的根源，可追溯到中世纪，这和资本主义精神的诸多方面一样。但是这种生活方式对资本主义发展确有重要作用，因其早已在禁欲的新教伦理中找到了坚实基础。

综上，这种世俗的新教禁欲主义与自发的财产享受始终相互对抗；它对个人消费，尤其对奢侈品消费束缚尤为明显。此外，它又将获取财产从新教伦理的禁锢中解脱出来，它不仅使谋利冲动合法化，而且在心理上（在我们所讨论的意义上）将其看作上帝的直接意愿。因此，它打破了谋利冲动的束缚。在拒绝肉体诱惑，反对依赖身外之物的争论中，正如教友派（或公谊会、贵格会）辩护士巴克莱所说的那样（更不屑提及清教徒们），这是反对非理性使用财产的一次斗争，不是反对合理使用财富的争论。

对财产的非理性使用却体现在外在奢侈品的消费上，无论其在封建贵族的身上显得多么自然，在清教徒眼中都是肉体崇拜，要接受谴责。同时，他们对理性的和功利主义的使用财产，为满足个人和大众需要表示赞同，他们觉得这符合上帝的旨意。对于有钱人而言，他们希望其在需要和有实际目的的前提下使用自身的财产，并不希望把禁欲主义强加给他们，这种舒适的观念，巧妙地限定了富人在伦理所准许下的开支范围。符合这种观念的生活方式最早的发展，也集中体现在最坚决的拥趸们身上，这绝非偶然。他们将中产阶级家庭的纯净、坚实、舒适的生活态度奉为理想，反对封建贵族在没有稳固经济来源下，喜好污秽的优雅，抗拒其华而不实，斥责其铺张的生活态度。

在私产的生产方面，禁欲主义谴责以个人目的追逐财富的行为，斥责欺诈和冲动性贪婪、拜金主义等生活态度。财富本身就是一种诱惑。禁欲主义中其是“创造善与恶的结合体”，这里所讲的恶是指对财产的占有欲。禁欲主义为与《圣经·旧约》保持一致，严厉斥责为自身追求财富的行为，这与善行的伦理评价相背离；如果财富是从职业劳动中获得，那么获得的财富便贴有上帝祝福的标签，更为重要的是：在从事某种职业中始终保持殚精竭虑、井然有序地劳动，这种观念是禁欲主义的最高手段，也是重生与真诚信念的最有力证明，这对于资本主义精神的生活态度的扩张必然发挥过巨大的杠杆作用。

当这种获利活动和消费的限制自由相结合时，一种必然的实际效果便会显现：禁欲主义倡导的节俭必会促进资本的积累。强加于财富消费上的各种限制，让资本用于生产性投资存在可能性，促使财富自然而然地积累。但这种影响究竟多大，是无法用精确的统计学来证明的。但在英格兰，这种影响的凸显，却未能逃过历史学家杜尔（Doyle）的慧眼。同样，在荷兰，在严格意义上讲，加尔文主义占统治地位达七年之久的国度里，在宗教圈子内，更简朴的生活方式与庞大财产的结合，导致部分人资本的过度积累。

中产阶级的财产存在被封建贵族吞没的倾向（这种倾向一直存在，在今日德国颇为强大），促使清教主义对封建生活方式的反感，进而必定进行阻止。16 世纪英国重商主义者，对于英国资本劣于荷兰资本，归结为在荷兰获取的新资本不全用于土地投资上。但这不仅是一个采买土地的问题，荷兰的中产阶级为了不失去资本主义投资的可能性，从未设法使自己融入封建生活方式之中。把农业视为根本，（在巴克斯特眼中）不是土地贵族，而是自耕农和牧民，在 18 世纪，其只不过是合理的耕种者罢了。这种对农业的推崇

▶ 欧洲中世纪农奴

与清教徒的虔诚极为符合。自16世纪以来，地主阶层，“欢快的老英格兰”的代表，与清教徒集团之间的冲突贯穿了整个英国社会。一方是还未被损害的天真未泯的生活享乐，另一方是始终自我节制，恪守律条和传统伦理，这两种态度至今仍是英国民族特点的构成要素。同样，在北美殖民地，一些投资家企图用奴隶作为劳动力开辟种植园，让自己过上封建贵族生活，清教徒们明确的中产阶级世界观与投资家的这种愿望，形成了鲜明的对比，这种对比一直存在于北美殖民地的早期历史。

在任何情况下，清教能影响的领域内，它的世界观都利于一种理性的资产阶级经济生活的发展（这比仅鼓励资本积累更重要）。它在这种生活的发展过程中，是唯一的从始至终的一致影响，其作用是最重要的，它哺育了近代经济人。

确切地说，清教徒十分清楚，清教的这些理想在财富的巨大诱惑下产生了动摇。一条规则的最忠实的拥趸，往往是从较低的社会地位向上爬升的阶层，即小资产阶级和自耕农，而备受恩宠的阶层，甚至在贵格会教徒中，也经常出现有抛弃旧思想倾向的人。这种世俗禁欲主义的前身，中世纪的隐修禁欲主义，也常常出现这一情况。后一种情况，当理性的经济活动通过严格的行为规定和消费限制，被行之有效地普及时，累积的财富只能为贵族服务或为处在崩溃边缘的隐修使用，这时教会改革将势在必行。

从某种意义上讲，修道院制度的历史，就是与财富的世俗化影响不停斗争的历史。广义上说，清教禁欲主义亦是如此。18世纪末英国工业扩张前，卫斯理宗的复兴便与这种教会改革形成很好对比。在此我们引用约翰·卫斯理的一段话，或许能概括上面所说的一切，因为其表明了禁欲主义运动的领导者们，当时就明了我们所指的似乎自相矛盾的关系，此刻，关于这种关系我们已经作出了满意的解答。他写道：“令我担忧的是：无论在哪里，财富的增长总是伴随着宗教本质以同比例减少，因而我无法从事物的本质角度中找到，任何真正意义的宗教复兴都可以走得长久。因为宗教必定产生勤俭，勤俭则带来财富的积累。随着财富的积累，倨傲、愤恨和对俗世上一切的热爱也将随之增强。在这种状况下，尽管卫斯理宗是一种心灵的宗教，眼下它像月桂树般繁茂，但又能怎样延续下去呢？循道宗（卫斯理宗）的信徒在各地都秉承勤奋节俭；其财富的积累也随之增长。因此，他们的倨傲、愤恨，眼中的欲望，肉欲，生活渴望都在成比例增长。即便还保留了宗教的形式，其精神内核也在随时间消逝。纯宗教的不断衰败真的无法阻止吗？我们没有理由不让人们勤俭，尽可能地督促基督徒全力获取他们所能获取的全部，节省下其所能节省的全部，这无形中也是在敦促他们进行资本积累。”

由此便有了这样的忠告：倾其所有去节俭、获取的人，应是能奉献所有的人，这样才能获得上帝更多的恩宠，在天国为自己存下一笔财富。卫斯理在这里进行的细致表述，恰恰是我们一直想表达的。

正像卫斯理所说的那样，任何伟大的宗教运动对于经济发展的意义，最先体现在其禁欲主义的教育影响，而其体现出的经济效果，通常，要在单纯的宗教热情过后才会凸显。这时，狂热地追求上天国开始转变为经济意义；宗教的本源在慢慢枯竭，为世俗的功利主义让位。这时，正如道登（Dowden）所说，和《鲁滨逊漂流记》中的主人公一样，这个在一定立场上仍坚持从事传教活动的、与外界隔绝的经济人，已经取代了班扬笔下那个孤独的视名利为过客、始终求上帝能让其上天国的朝圣者。

正如道登所言，后来当“尽力利用今世和来生”的原则终获主导地位时，做善事的良知也成了享用舒适的资产阶级生活的手段之一，就像德国流传的谚语软枕头一样。但 17 世纪的宗教时代，留给后人的却是讲求实利的、行善的，甚至可以说，虚伪的行善的良知，以此来获取财富，只要获取财富还是合法的行径。在这里，“世俗之人难以使上帝满意”的教义早已不知踪影，就连痕迹都无从寻找。

在尘世间，一种特别的资产阶级的经济伦理形成了。资产阶级商人感受到了上帝的祝福，意识到自己得到了其宠爱。在他们眼中，只要在道德行为上没有污点，使用自身财产不产生异议，注重外表得体，他们就能自由地随便支配自身的金钱利益，同时还觉得这是他们应尽的责任。此外宗教禁欲主义还为资产阶级提供了节制有度、工作格外认真勤勉的劳动者，这些劳动者对待工作的态度完全遵照清教宗教伦理，将其视为上帝赐予的。

▶ 荒岛求生的鲁滨逊

禁欲主义还为资产阶级提供一种心安的观念：现世个人财富分配不均是神意；不均源自每个人获得的恩宠不同，上帝自有其不为人知的理由。加尔文的一段话经常被引用：从事体力和技术劳动的人们，只是在贫穷时才顺从上帝。在尼德兰（古尔特的彼埃尔和其他人），这句话被世俗化为：劳动是大众迫于生计需要才进行的。其对资本主义经济的主要观念作出的系统阐述，后被引入了低薪高能的流行经济学理论中。在宗教的本源逐渐消亡，功利主义悄然渗入其中，我们能不断地找寻到其痕迹。

在中世纪，其宗教伦理道德不但容忍乞讨者的存在，甚至在托钵僧团中还以乞讨为荣。乞讨者给富人提供了行善施舍的渠道，有时还被当作一笔财产来对待。在斯图亚特王朝时期，英国国教的社会伦理的态度与之十分接近。直至清教的禁欲主义参与了“英国济贫法”（English Poor Relief Legislation）的确立，才从根源上改变了这一状况。原因是，新教教派中的严谨的清教团体从不知乞讨是什么。另外，从工人的角度来说，虔信派的亲岑道夫分支极为推崇这些忠实的工人：他们过着使徒式的生活，不追求获利，因而被赋予一种领袖气质（信徒式的）。类似的思想起初在浸礼宗中以激进的方式占据上风。

就这样，各个教派的禁欲主义文献中写满了这样的观念：为信仰劳作，对生活中没有其他谋生手段的人而言，薪酬虽极低，但也是最能赢得上帝欢心的。在这种观念中，新教的禁欲主义未有任何新内容。它不仅最大化地深化了这一观念，还创造了维护其效果的决定性力量即一种心理上的认可：让世人觉得劳动是最善的，是天职，是获得上帝恩宠确实性的唯一手段。另外，它还将雇主的商业行为解释为天职，让这种自愿劳动的利用变得合法化。无产者只能通过完成神示的天职，严格遵从禁欲主义，才能去寻求进入上帝之国，这种观念，必定对资本主义意义上的“劳动生产力”产生深远的影响。将劳动即天职看作现代工人的特征，那么获利即成了商人的特征。很早就发现这一情况的是很有才华的威廉·佩蒂爵士，将16世纪荷兰的经济强盛归功于此：那些持异端者（加尔文教徒和浸礼会徒）“大多是精于思索、头脑清醒的人，他们对劳动、勤勉是对上帝应尽之责深信不疑”。

加尔文教对通过财政垄断建立的有机式组织持反对态度；在斯图亚特王朝统治下的英国国教中，教会和国家以基督教社会伦理为基础，与垄断者结成联盟，有机式组织正是采取了此种财政垄断的形式。加尔文宗的领导者们对政治上享受特权，商业性、借贷性，殖民主义的资本主义持强烈反对态度。与上述的资本主义相对，加尔文宗强调个人主义的动机，提出通过个人能力和主动性去追寻合理的、合法的利益。加尔文宗这种态度，对促进政治上享有特权的垄断工业在英国迅速消亡起了决定性作用；当时工业的发展是在和政府不断斗争中获得的。清教徒们［普林（Prynne），帕克（Parker）］将大资本主义鼓吹者、规划者视为道德可疑阶层，拒绝与他们为伍；另外，他们又以自身中产阶级道德为傲，这是大资产者们对他们加以迫害的真正原因。笛福为了回击对持异端观念者的迫害，曾建议人们联合抵制银行贷款和撤回储蓄金，这两种资本主义阶层在态度上的不同，很大程度上源自其在宗教上的差异。直至 18 世纪，反对者们还在嘲笑不遵循国教者（nonconformists）为小店主们精神的化身，老英国的种种理想都被他们毁掉了。此处，我们可以看出清教的经济道德与犹太人的不同；当时的人（普林）早就知晓清教的经济道德，才是资产阶级的资本主义的伦理。

在构成近代资本主义精神乃至整个近代精神文明的诸多要素之中，以职业概念为基础的理性行为，便是从基督教禁欲主义发展而来的——这是本文试图论证的观点。再次读到本书开头引述的富兰克林的那段话，就会发现，本书开头提及的资本主义精神的那种态度，其根本要素与我们此处述说的清教世俗禁欲主义内涵，并无本质上的差别。唯一不同的是，其没有宗教的基础，因为在富兰克林时期，宗教的根早已腐烂。提及近代劳动具有一种禁欲主义的特性，不是什么新观点。桎梏于专业化的工作，断绝其涉及的浮士德式的人类共性，在现代社会中进行有价值的生产活动，其先决条件必是得与失互为条件。中产阶级生活从根本上讲具有的禁欲主义的特征——如要将其转变成一种生活方式，让其不缺乏某种东西——正是歌德的巅峰之作《威廉·麦斯特的

▶ 歌德

漫游时代》[1]和浮士德生命的结局中所要教给人们的。对他来讲实现与绝弃同在，是一种与追求完整与美的人性的时代的离别；正如文化发展过程中，古雅典文化的兴盛无法重现一样，雅典古典文化兴盛的时代也无法重现。

清教徒想从事一项工作，而工作对于我们而言则是被迫。因为禁欲主义从修道院走出，进入世人日常生活中，并开始统治世俗道德时，它对近代经济秩序的形成就会发挥应有的作用。如今，这种经济秩序却深受机械生产技术和经济条件制约。今日，这些条件所发挥的力量正在决定每一个出生在这种机制下的人的生活，这其中包含的不仅仅是直接参与经济获利的人。或许这种决定性作用，直到人们燃尽最后一吨煤块才会结束。巴克斯特认为，对圣徒而言，身外之物只应是“披在肩头上随时可丢弃的轻飘飘的斗篷”。然而命运注定的是，这斗篷必将化为桎梏世人的铁笼。

在禁欲主义着手准备重塑尘世并建立起它在尘世的理想时，物质产品就获取了一种控制人类生存的力量，这种力量不屈不挠且不断增长。今日，宗教禁欲主义的精神虽已摆脱铁笼的桎梏（是不是最终结局，又有谁知晓呢？），占据全面上风的资本主义，依赖机械生产，已不需要禁欲主义精神的支持了。启蒙主义——那些大笑的宗教禁欲主义继承者们——其脸上的玫瑰色红晕无情地褪去似乎已成事实。天职责任的观念，在生活中和死去的宗教信仰一样，只能如幽灵般不断地徘徊。当尽力完成天职不再与精神的和文化的至高价值产生直接关系时，或从另一个角度讲，当天职观念被转换为经济冲动，让人无法感受到时，通常，个人也就不再试图找理由为之辩护了。在其到达顶峰的美国，对财富的追求早已被剔除了其原有的宗教和伦理含义，而趋向于与世俗单纯的情欲相关联，这正是其常具有体育竞争

---

① 诗人歌德散文体小说代表作之一。歌德晚年受空想社会主义影响，借此书描述了一个乌托邦式的教育区。

之特征的原因。

无人知晓谁会进入桎梏的铁笼；无人知晓这惊人的大发展尽头，会不会出现新的先知；无人知晓会不会有逝去的观念和理想可以涅槃重生；无人知晓，如果一切都不会出现，是否会有突如其来的妄自尊大情绪呢，从而在掩饰下诞生机械的麻木僵化呢？因完全可以，且有其道理，来评述文化发展的最后阶段："专家学者灵魂不存，纵欲者毫无羞耻心；这些无用之人幻想着自身达到了前所未有的文明程度。"

这篇单纯讨论历史的文章，必须承担引入价值判断和信仰判断领域的重任。接下来要阐述的也许是禁欲主义的理性主义（在前文稍有提及）对现实社会伦理观点内容所产生的意义，进而涉及对社会组织类型的论述，从国家到大众集会等社会群体的作用。接下来再探讨禁欲主义的理性主义，同人道主义的生活理想、理性主义和文化影响之间的关联；进一步解析其与哲学和科学的经验主义、技术发展及精神理想之间的关联。然后将追溯禁欲主义宗教的各个领域，从中世纪出现禁欲主义到其融入纯粹的功利主义的发展过程。唯有如此，才能正确地解析新教的禁欲主义（在它与影响近代文化形成的其他诸多因素的关系之中）具备怎样的文化意蕴。

在这里，我们仅尝试探究的事实和方向是，新教的禁欲主义对其他因素产生过的影响；尽管这一点非常重要，但我们也有必要去探究新教的禁欲主义，在其发展中及其特征上，如何受到整个社会条件尤其是经济条件的影响。通常，即使现代人抱有最好的意愿，也无法切实地发现宗教思想具有的文化意义和它在民族特征形成的过程中起到的重要作用。但对文化和历史进行的片面解读，以片面的唯灵论解释来替代片面的唯物论解释，同样不是我的出发点。每一种解释都存在揭示真理的可能性，如果不是一种前期的理论准备，而是作为一次调查探讨的最终结论，那么，任何一种解释都不会揭晓历史的真理。